前田家の食卓。

食べて体を整えるレシピ

成嶋早穂

幻冬舎

＜ prologue ＞

　夫である広島東洋カープの前田健太と結婚したのは、2012年1月1日でした。結婚が決まり、「アスリートである彼のために、私ができることは何かないか」と思っていた時、スポーツのための食事学を学ぶアスリートフードマイスターという資格があると耳にし、「これならば何か力になれるかもしれない」と受講しました。

　幼い頃から「シェフになりたい！」と思っていたほど料理が大好きだった私。出会った頃の彼は偏食が多くとても心配だったのですが、それでも、私なんかがプロアスリートにアドバイスをするなんて……、とためらう気持ちが強くありました。

　アスリートフードマイスターの講座によって、「アスリートが毎日の食事で何を選び、どのように食べればいいのか」を学べたことはとても勉強になりました。学んだ知識をもとに献立を考えると、新たに知りたいことが見つかり、さらに調べて……と今でも試行錯誤していますが、嬉しそうに食べてくれる夫の笑顔に支えられて、日々楽しく食事作りができている気がします。

　夫のために献立を考えていると、「この料理は育ち盛りのお子さんにいいかも」「これは女性の美肌にもよさそう」などと感じることも多く、"身体は食べる物からできている"という我が家での実感をぜひ一人でも多くの方と共有できればと思い、このような形の本にまとめることになりました。

　この本が「誰かのために何かをしてあげたい！」と思っている方のお役に立てれば幸いです。部活動で頑張るお子様を持つお母様、不規則な生活の旦那様を栄養面でバックアップしたいと思う奥様など、大切な誰かを支えたいという気持ちは、料理のいちばんのモチベーションだと思います。この本がみなさんの毎日の食事作りのヒントになるとうれしいです。

contents

- 2 prologue
- 6 前田家流　献立作りの基本
- 7 献立の立て方　簡単3ステップ！
- 8 前田家流　食事作りのポイント
- 10 この本の使い方

PART1
前田家の基本の献立15

- 12 **献立1** 疲れを回復する！
  ゆで鶏のねぎ塩ソース献立
  あぶりサーモンのカルパッチョ
  にんじんのタラコ炒め
  卵とワカメのスープ

- 14 **献立2** 筋力アップ！
  マグロと豆腐の和風ハンバーグ献立
  ワカメと春キャベツのチョレギサラダ
  にんじんとレーズンのマリネ
  小松菜と油揚げのお味噌汁

- 16 **献立3** お酢のパワーで疲労回復！
  鶏むね肉の南蛮漬け献立
  にんじんと大根のせん切りサラダ
  小松菜のごま和え
  ワカメと豆腐のお味噌汁

- 18 **献立4** 風邪の予防に！
  プルコギ献立
  アサリとブロッコリーのガーリック炒め
  にんじんしりしり
  参鶏湯風スープ

- 20 **献立5** 魚メインの献立なら
  アクアパッツァ献立
  アスパラの豚肉巻き
  厚揚げのカリカリ焼き

- 22 **献立6** 集中力を高める！
  豚ヒレのソテー レモンオニオンソース献立
  めかぶのお浸し
  豆腐のキムチのせ
  とうもろこしの豆乳スープ

- 24 **献立7** エネルギーを生み出す！
  ヘルシーサムギョプサル献立
  れんこんのパルメザンチーズ焼き
  オクラとイカの和え物
  中華風卵スープ

- 26 **献立8** 試合後の筋肉修復に
  牛ヒレ肉と彩り野菜のオイスターソース炒め献立
  切り干し大根の煮物
  小松菜ともやしのナムル
  シジミのお味噌汁

- 28 **献立9** 寒い日に！体ぽっかぽか！
  豚肉とキャベツのミルフィーユ煮献立
  カツオのたたき キムチ和え
  ほうれん草とカリカリベーコンのサラダ
  あんかけ豆腐

- 30 **献立10** 女性にもオススメ！
  鮭のチャンチャン焼き献立
  揚げだし豆腐
  トマトと新玉ねぎのマリネ
  小松菜と桜海老のお浸し
  青梗菜と卵のスープ

- 32 **献立11** たまにはご褒美
  豚ヒレ肉の竜田揚げ 甘酢ソース献立
  長芋ステーキ 磯辺焼き
  タコとパプリカのマリネ
  なめこのお味噌汁

- 34 **献立12** 夫からのリクエストNo.1！
  麻婆豆腐献立
  トマトのホットカプレーゼ
  ブロッコリーの塩昆布和え
  アサリとワカメのスープ

- 36 **献立13** 食欲がない時に
  豚肉と野菜のとろ〜り炒め献立
  カラフルきんぴら
  オクラとモズクの酢の物
  豆腐とねぎのお味噌汁

- 38 **献立14** 鉄分アップ！
  牛もも肉のローストビーフ サラダ丼献立
  トマトとカリカリじゃこ、大葉のマリネ
  小松菜とまいたけの煮浸し
  かぼちゃのポタージュ

- 40 **献立15** ワンプレートで手軽に！
  ガパオライス献立
  アスパラサラダ トマトオニオンドレッシング
  トムヤムクン風スープ

- 42 *column.1*
  もうひと工夫で美味しく、ヘルシーな食生活

PART2
目的別のおかず

エネルギーを生み出す
- 44　豚しゃぶ香味だれ
- 45　鱈と白髪ねぎの中華蒸し
- 46　肉豆腐
- 47　鶏むね肉とお野菜のとろとろ煮
- 48　ささみの照り焼き
- 49　カニ玉
- 50　海老とアスパラガスの春巻き
- 51　ゴーヤーチャンプルー
- 52　餃子
- 53　豆乳豆腐

疲れを回復
- 54　手羽元のさっぱり煮
- 55　スモークサーモンとアボカド、トマトのマリネ
- 56　鶏むね肉のバンバンジー
- 57　豚キムチ
- 58　豚ヒレ肉とれんこんの黒酢炒め
- 59　かぶのとろとろ煮 そぼろあんかけ
- 60　豚肉とたっぷり野菜の和風煮
- 61　丸ごと玉ねぎのスープ

体を作る
- 62　ポークチャップ
- 63　豚にら炒め
- 64　鮭とエリンギの照りマヨ炒め
- 65　アサリと青梗菜の炒め物
- 66　海老しんじょうのれんこんはさみ焼き
- 67　サバの甘辛煮付け
- 68　屋台風イカ焼き
- 69　ピーマンと塩昆布の和え物／はんぺんの味噌マヨ焼き

ワンプレート
- 70　三色丼
- 71　イワシのかば焼き丼
- 72　ドライカレー
- 73　ツナとフレッシュトマト、ほうれん草のパスタ
- 74　ふわとろ山芋焼き
- 75　二色混ぜごはんむすび

- 76　*column.2*
　　　野菜嫌いの夫と歩んだ苦手克服の道

PART3
かんたん・栄養小鉢

- 78　**小松菜**
　　　小松菜と桜海老のお浸し
　　　小松菜のごま和え
　　　小松菜とまいたけの煮浸し
　　　小松菜ともやしのナムル

- 80　**ブロッコリー**
　　　ブロッコリーのじゃこチーズ焼き
　　　ブロッコリーの塩昆布和え
　　　ブロッコリーと卵のサラダ
　　　ブロッコリーのペペロンチーノ

- 82　**豆腐**
　　　豆腐のキムチのせ／肉味噌やっこ
　　　カリカリじゃこのせ冷奴／あんかけ豆腐

- 84　**オクラ**
　　　オクラとイカの和え物
　　　オクラとモズクの酢の物／オクラ納豆

- 85　**にんじん**
　　　にんじんしりしり
　　　にんじんのタラコ炒め
　　　にんじんとレーズンのマリネ

- 86　そのまま出すだけ！　栄養プラス食材
- 87　仕上げにのせたい！　栄養プラス薬味
- 88　*column.3*
　　　前田家の「勝ち飯」！ ゲン担ぎのルーティーンごはん

PART4
パワードリンク

- 90　ルーティーン甘酒
- 91　豆乳スープ
- 92　**グリーンスムージー**
　　　小松菜スムージー
　　　ほうれん草スムージー
- 93　**豆乳スムージー**
　　　黒ごまきなこ豆乳スムージー
　　　ベリー豆乳スムージー

- 94　前田家　こだわり調味料

前田家流 献立作りの基本

毎日の献立を考えるのは、大きな悩みの種。栄養を考えてとなると、さらに悩みは倍増……という方も多いのではないでしょうか。前田家が実践している献立の組み立て方はとっても簡単！欲しい栄養素をしっかり摂って体を整えていく、前田家流の献立作りのコツをご紹介します。

基本は一汁三菜！

ごはんに汁物、おかず3品（主菜1品、副菜2品）という構成の献立を「一汁三菜」と言います。昔から日本では、栄養をバランスよく摂り入れるための基本とされてきました。おかず3品の食材や調理法、味付けになるべく変化をつけて、献立全体のバランスを整えることが重要です。ちなみに、プロアスリートである野球選手の食事は消費するエネルギーが多いため、一般の方より食べる量が多くなります。そのため前田家では、一汁五菜、日によってはそれ以上の時も……。それでも、実はアスリートも一般の方も基本的に必要な栄養素は変わりません。この本では、前田家で普段意識している栄養バランスをもとにしながら、一般的な方の食事量に合わせ、一汁三菜を基本に紹介しています。

【ある日の献立】

一汁
卵とワカメのスープ

三菜
主菜　ゆで鶏のねぎ塩ソース
副菜1　あぶりサーモンのカルパッチョ
副菜2　にんじんのタラコ炒め

主食
玄米ごはん

献立の立て方
簡単3ステップ！

一汁三菜の基本をもとに献立を考えていきます。前田家で実践している献立の立て方は、とっても簡単な3ステップ！ 補いたい栄養を中心に、バランスを取っていくことがポイントです。

step 1
摂りたい栄養を意識して、主菜を決める！

まずはその献立の要（かなめ）となるテーマを決めます。例えば前田家の場合、登板前なら「エネルギーを生み出す」、登板後なら「疲れを回復」など、その日の食事でサポートしたい目的を設定します。そして、その目的に合わせ、必要な栄養素を含む食材を使った主菜を先に決めてしまいます。

Check!

左ページの献立の場合
目的は「疲れを回復」させること。そのために、主菜は疲労回復を助けるイミダペプチドを含む鶏肉をチョイス。あっさりして食べやすい料理に決定。

step 2
副菜2品＆汁物で、足りていない栄養素を補う！

次に考えるのはバランス。step1で決めた主菜で足りていない栄養素を、副菜で補うように心がけます。栄養を効率よく体に摂り入れるために最も重要なのがこのバランス。五大栄養素（炭水化物、たんぱく質、脂質、ビタミン、ミネラル）をしっかり補えているかがポイントです。忙しい時は、ゆでるだけでそのまま食卓に出せる食材を有効活用するのもオススメです。（⇒P86参照）

Check!

左ページの献立の場合
副菜で代謝を上げるサポートをしてくれる鮭を追加。にんじんやタラコでビタミンを、ワカメでミネラルを補います。主菜で足りていない野菜を積極的に追加します。

step 3
赤、黄、緑の信号ルールで、最後の調整を！

最後は赤、黄、緑の信号ルールでチェック！ 料理の仕上がりを見て、足りていない色を確認します。例えば赤ならプチトマトを、緑ならねぎのみじん切りなどを仕上げにのせるだけでもOK。この簡単ルールを守るだけで、栄養は格段にアップ。食卓が彩りよく華やかになり、食欲を刺激します。目でも楽しめて、栄養バランスのよい献立の完成です。

Check!

左ページの献立の場合
赤はにんじんやサーモンでOK、黄は玄米ごはんや卵スープでOK、緑がねぎ塩ソースだけなので、あぶりサーモンに緑の野菜を添えて完成。

前田家流 食事作りのポイント

限られた食事の中でしっかり食べるために、実践している食事作りのポイントをご紹介します。
我が家では美味しく食べて、栄養をきちんと摂取することが目標です！

point
効率よく栄養摂取！

一食で食べられる量には限りがあります。その中でいかに効率よく栄養を摂り入れるかを日々考えています。その時に意識しているのが、食べ物の組み合わせです。例えば、炭水化物を効率よくエネルギーに変えるのが、豚肉に含まれるビタミンB_1。そしてそのビタミンB_1の吸収を助けるのが、刻みねぎに含まれるアリシン、というように組み合わせで、その効果が倍増していきます。上手に組み合わせて栄養を最大限に摂取することを目標にしています。

point
お肉は部位にも注目

豚肉が定番となっている我が家ですが、お肉の部位にもこだわっています。例えば、試合前はなるべく脂をカットしたいので、豚肉の中でも脂質の低いヒレ肉やもも肉が中心になります。時には、フードプロセッサーで脂肪分の少ないひき肉を自分で作ることもあります。ほかにも、鶏肉ならささみやむね肉を、パサつかないように調理法を工夫して積極的に取り入れたり、トレーニング期には、鉄分豊富な牛肉の赤身肉を選んだりと、タイミングに合わせてお肉と部位を使い分けています。

point
調理法で食欲増進！

例えば、夫の帰宅が遅くなるナイターの日の帰宅後の食事は、「胃に負担がかからず、食べやすいもの」を基本としています。夫の場合は、疲れて食欲が落ちている時は、水分が多く、つるつるっとのどを通り、消化しやすいとろみがついている料理の方が食が進みます。その時の体調に合わせて、食べやすいように調理法を変え、楽しんで食べられて栄養を摂取してもらえるように心がけています。

point
美味しさの秘訣は作る順番

献立を作る上で大事にしたいのが、料理を作る順番。煮物などは味がしみたほうが美味しいので事前に作りおきしておいたり、マリネなどは先に作って冷やしておくようにしています。逆に炒め物などはシャキシャキした野菜の歯ごたえや鮮やかな色を残したいので、下準備だけしておいて、「今から帰るよ」という夫の連絡を受けてから炒め始めるようにしています。献立を決めたら、先に作る順番を考えることをオススメします。

ある日の前田家の食卓

> 何を食べればいいか迷ったら？

タイミングに合わせて
テーマをセレクトしましょう

主菜のテーマを何に決めればよい……？ そんな方は、前田家を参考にセレクトしてみてください。前田家ではタイミングに合わせて大きく3つのテーマを基本にしています。それぞれの目的に合わせたおかずを選び、自由自在に組み合わせて献立を立ててみるのもOKです。

エネルギーを生み出す　⇒P44〜

前田家の場合　試合3日前〜試合前日

前田家では、試合で最高のパフォーマンスができるように、試合の3日くらい前からエネルギーを生み出す食事にシフトしています。この時期は、炭水化物の代謝を上げる栄養バランスを重視。その上で、試合前日は消化が早く、胃に負担がかからない低脂肪の献立がベター。脂肪分が少ない中で、ごはんの進む味付けや調理法を意識しています。

献立06「豚ヒレのソテーレモンオニオンソース」(⇒P22)

献立07「ヘルシーサムギョプサル」(⇒P24)など

疲れを回復　⇒P54〜

前田家の場合　試合後

試合後は疲れを体にためず、早く回復できる料理を目指しています。疲労回復に効果のあるイミダペプチドを含む鶏のむね肉や、抗酸化作用が高いアスタキサンチンを含む鮭、クエン酸を含んだ酸味のある味付けもオススメです。疲れで食欲が落ちていることも多いので、口当たりがよくなるようにとろみをつけたりと、味、食感ともに食べやすさを意識することも大切にします。

献立03「鶏むね肉の南蛮漬け」(⇒P16)

献立13「豚肉と野菜のとろ〜り炒め」(⇒P36)など

体を作る　⇒P62〜

前田家の場合　トレーニング期

トレーニングで体を作りたい時期には、たんぱく質とビタミン、ミネラルをしっかり補給することを意識しています。特にアスリートに不足しがちな鉄分をたんぱく質とともに補える赤身肉の牛肉、マグロ、カツオは筋力アップのサポートにオススメです。揚げ物などのご褒美ごはんはこのトレーニング期に。

献立08「牛ヒレ肉と彩り野菜のオイスターソース炒め」(⇒P26)

献立14「牛もも肉のローストビーフサラダ丼」(⇒P38)など

この本の使い方

- 本の中に表示した小さじ1は5㎖、大さじ1は15㎖、1カップは200㎖です。
- 作り方の電子レンジの加熱時間は、600Wの場合の目安です。メーカーや機種によって温度や加熱時間は変わる場合がありますので、加熱時間は目安と考え調節してください。
- だし汁と書かれている場合は、P94のだし類を使用して取っただし汁を使用しています。ただし、水に和風だしの素（顆粒）を入れたものを使用してもかまいません。その場合、塩分が入っている場合があるので、味見をして塩加減を調整してください。
- 中華だしの素と書かれているものは、鶏がらスープの素を代用してもかまいません。
- にんにく、しょうがのすりおろしはチューブのものを使用してもかまいません。
- 青ねぎとは浅つきや万能ねぎのことです。お好みでどうぞ。
- 本書に記載した栄養面でのコメントは管理栄養士の監修のもと、掲載しています。

The Maeda's menu

PART 1

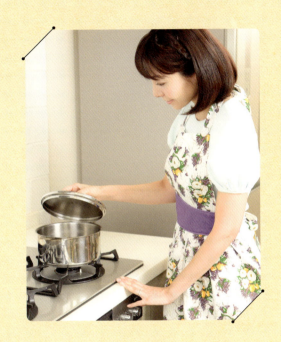

前田家の基本の献立15

アスリートである夫を支える前田家の食卓をご紹介します。ポイントは、その食事でサポートしたいテーマを決めてから献立を考えるということです。各献立の目的や解説を参考に、セレクトしてみてください。栄養バランスと彩り、そして何よりも美味しく食べてもらえることを大切に。前田家では、毎日の食事を楽しみながら、体を整えることが目標です。

01 疲れを回復する！

ゆで鶏の
ねぎ塩ソース献立

鶏むね肉に含まれるイミダペプチドは、疲労回復を助けます。パサつきがちな鶏むね肉をやわらかくしっとりと、口当たりよく仕上げるので、ごはんとの相性もばっちり。副菜には、抗酸化作用の高いアスタキサンチンを含むサーモンを使って。あっさりした味付けで疲れた時に食べやすい献立です。

ゆで鶏のねぎ塩ソース

しっとりとしたゆで鶏にするポイントは、余熱で火を入れること。ねぎ塩ソースはねぎの青い部分も使用すると、彩りがキレイになります。

材料 (2人分)
鶏むね肉…300g
酒…½カップ
長ねぎ (青い部分)…1本分
【ねぎ塩ソース】
　長ねぎ…⅔本
　A［酒…大さじ2
　　ごま油…大さじ3
　　中華スープの素…小さじ1
　　にんにくすりおろし…小さじ½強
　　しょうがすりおろし…小さじ½強
　　塩・こしょう…各少々］

作り方
1　鶏肉はやわらかくするためにフォークで穴をあける。ねぎ塩ソースの長ねぎは小口切りにする。
2　鍋に水 (分量外) を入れ、長ねぎの青い部分と酒を入れる。沸騰したら、1の鶏肉を入れ、5分ほどゆで、火を止めて余熱で10分ほどおく。
3　ねぎ塩ソースを作る。耐熱の器にAの調味料を混ぜ合わせ、ふんわりとラップをかけ、電子レンジで20秒ほど加熱する。1の長ねぎを加え、しばらくなじませる。
4　2の鶏肉を食べやすい大きさに切って器に盛り、3のソースをかける。

にんじんのタラコ炒め
⇒ P85 参照

あぶりサーモンのカルパッチョ

刺身用のサーモンを、ドレッシングをかけてカルパッチョ風にアレンジ。サーモンの香ばしさがたまりません。

材料 (2人分)
サーモン (刺身用さく)…80g
オリーブ油…少々
玉ねぎ…⅙個
ベビーリーフ…½パック
A［オリーブ油…大さじ2
　しょうゆ…小さじ½
　バルサミコ酢…小さじ1
　にんにくすりおろし…小さじ½］

作り方
1　刺身用サーモンはさくのまま、オリーブ油を熱したフライパンに入れ、両面の色が変わる程度に焼き色をつける。皿に取り出し、余熱で10分ほどおいてから、薄切りにする。
2　玉ねぎはみじん切りにし、水にさらし、水けをきる。ボウルにAの調味料を入れ、トロッとするまで混ぜ合わせ、玉ねぎを加えてさらに混ぜる。
3　器にベビーリーフを盛り、1のサーモンを並べ、2をかける。

卵とワカメのスープ

ミネラル豊富なワカメと完全栄養食品である卵のスープで、献立全体のバランスを整えます。

材料 (2人分)
卵…2個
ワカメ (塩蔵)…10g
A［水…2カップ
　コンソメスープの素 (固形)…1個］
青ねぎ…適量

作り方
1　ワカメは水で戻し、熱湯にくぐらせ水に取り、ひと口大に切る。青ねぎは小口切りにする。
2　鍋にAを入れ煮立て、1のワカメを入れる。割りほぐした卵を、菜箸につたわせて流し入れ、火を止める。
3　器に盛り、1の青ねぎをちらす。

| 02 | 筋力アップ！

マグロと豆腐の
和風ハンバーグ献立

筋肉を作るのに必要なたんぱく質を豊富に含むマグロと豆腐を使ったハンバーグは生臭さゼロ。消化を助ける大根おろしをたっぷりのせて味わうので、生のマグロが苦手な夫でも食べられるメニューです。にんじんの副菜で赤の色味をプラスして、献立全体を彩りよく華やかに仕上げます。

マグロと豆腐の和風ハンバーグ

ひき肉で作るよりも高たんぱく質、低カロリー！ マグロの赤身は低脂肪なだけでなく、鉄分、ビタミンEをたっぷり含む栄養素の宝庫！ ふわっふわの食感です。

材料(2人分)
マグロ赤身(刺身用)…250g
木綿豆腐…1丁
長ねぎ…½本
A ┌ 卵…1個
　├ パン粉…大さじ3
　├ 味噌…大さじ1
　├ マヨネーズ…大さじ1
　└ しょうゆ…小さじ1
ごま油…適量
大根おろし…適量
大葉…2枚
B ┌ ポン酢…大さじ4
　└ みりん…大さじ2

作り方
1 豆腐はキッチンペーパーで包み、耐熱皿にのせ、上に皿などを重しとしてのせ、電子レンジで1～2分ほど加熱(水きり)してから冷ましておく。長ねぎは小口切りにする。
2 フードプロセッサーにマグロと1の豆腐を入れ、軽く回す。そこにAの材料を加えさらに回し、最後に1の長ねぎを加えて混ぜ、半量ずつ小判形に形作る。
3 熱したフライパンにごま油をひき、中火で2のハンバーグを焼く。焼き色がついてきたら、火を弱め、2～3分ほど焼き、裏返して同様に焼いて、皿に取り出す。
4 3のフライパンにBの調味料を入れ煮立て、アルコールを飛ばしてソースを作る。
5 器に3のハンバーグを盛り、大葉、大根おろしの順にのせ、4のソースをかける。

にんじんとレーズンのマリネ
⇒ P85 参照

ワカメと春キャベツのチョレギサラダ

やわらかい春キャベツの甘みが美味しい簡単サラダ。ごま油の香りを効かせて、韓国風仕上げに。

材料(2人分)
春キャベツ…2枚
きゅうり…1本
ワカメ(塩蔵)…10g
A ┌ ごま油…大さじ3
　├ しょうゆ…大さじ1
　├ 中華スープの素…小さじ1
　└ にんにくすりおろし…小さじ1
韓国のり…適量
すりごま(白)…適量

作り方
1 キャベツは食べやすい大きさにちぎり、きゅうりはななめ薄切りにする。ワカメは水で戻し、熱湯にくぐらせ水に取り、ひと口大に切る。
2 ボウルにAの調味料を混ぜ合わせ、1の野菜とワカメを入れて、よく和える。
3 器に盛り、韓国のりをちぎってのせ、お好みですりごまをかける。

小松菜と油揚げのお味噌汁

大豆製品である油揚げでたんぱく質とカルシウムを強化し、さらに旨みもアップ。小松菜からカルシウムと鉄分がたっぷり摂れます。

材料(2人分)
小松菜…⅓束
油揚げ…½枚
味噌…大さじ1
だし汁…2カップ

作り方
1 小松菜はざく切りにする。油揚げは5mm幅に切る。
2 鍋にだし汁を入れ煮立て、1の小松菜と油揚げを入れる。ひと煮立ちしたら味噌を溶き、沸騰する直前で火を止める。

03 お酢のパワーで疲労回復！

鶏むね肉の
南蛮漬け献立

鶏むね肉には、筋肉を修復する材料となるたんぱく質と、疲労回復に役立つイミダペプチドが含まれます。さらに、南蛮漬けのお酢に含まれる酢酸も疲労回復を助けます。

鶏むね肉の南蛮漬け

野菜もたっぷり摂れる万能南蛮だれ！ アジやワカサギなどの魚でアレンジしても美味しいです。

材料（2人分）
鶏むね肉…300g
A ┌ 酒…大さじ2
　├ しょうゆ…大さじ2
　└ しょうがすりおろし…小さじ2/3
片栗粉…適量
ごま油…大さじ2
【南蛮だれ】
　玉ねぎ（小）…1個
　にんじん…1/2本
B ┌ しょうゆ…大さじ3
　├ 酒…大さじ3
　├ 酢…大さじ3
　├ だし汁…大さじ3
　├ 砂糖…大さじ2
　└ みりん…大さじ2
青ねぎ…適量

作り方
1. 鶏肉はやわらかくするためにフォークで穴をあけ、1～2cmぐらいのそぎ切りにする。混ぜ合わせたAの調味料に漬け、冷蔵庫で30分～1時間ほどおく。
2. 南蛮だれを作る。玉ねぎは薄切りにし、水にさらし、にんじんはせん切りにする。鍋にBの調味料を入れ煮立て火を止める。そこに水けをきった玉ねぎとにんじんを入れて30分ほどなじませる。
3. 1の鶏肉に片栗粉をまぶす。フライパンにごま油を熱し、鶏肉を4～5分ほど揚げ焼きする。
4. 両面に焼き色がついたら器に盛り、2の南蛮だれをかけ、小口切りにした青ねぎをちらす。

小松菜のごま和え
⇒ P78 参照

にんじんと大根のせん切りサラダ

くるみに含まれるオメガ3で、にんじんに含まれるカロテンの吸収率がアップ！ クリーミーなドレッシングが、シャキシャキしたせん切り野菜によくからみます。

材料（2人分）
にんじん…1/2本
大根…2cm（50g）
塩…少々
A ┌ 味噌…小さじ1
　├ マヨネーズ…大さじ2
　├ ヨーグルト…大さじ1
　└ はちみつ…小さじ1
くるみ…少々

作り方
1. にんじんと大根はスライサーでせん切りにし、軽く塩をふってもみ、水けをきっておく。くるみは包丁の背で粗く砕いておく。
2. ボウルにAの材料を混ぜ合わせ、1の野菜とくるみを和える。

ワカメと豆腐のお味噌汁

飽きのこない定番のお味噌汁でたんぱく質、カルシウム、マグネシウムをしっかり確保。

材料（2人分）
豆腐…1/3丁
ワカメ（塩蔵）…10g
味噌…大さじ1
だし汁…2カップ

作り方
1. ワカメは水で戻し、熱湯にくぐらせ水に取り、ひと口大に切る。豆腐は食べやすい大きさに切る。
2. 鍋にだし汁を入れ煮立て、1のワカメと豆腐を入れる。ひと煮立ちしたら味噌を溶き、沸騰する直前で火を止める。

04 風邪の予防に！
プルコギ献立

筋肉を作るたんぱく質や、スタミナの維持につながる鉄分を豊富に含む赤身肉をメインに。玉ねぎとにらに含まれるアリシンで、体の免疫力を高めるたんぱく質の代謝を上げます。参鶏湯に入ったしょうがで体がぽかぽかと温まり、風邪の予防に欠かせないビタミンCもたっぷり摂れる献立です。

プルコギ

牛肉はももの赤身部分を使用して脂質をカットします。にらは鮮やかな色と食感を残すために最後に入れ、サッと炒めるのがコツです。

材料(2人分)
牛もも薄切り肉…100g
玉ねぎ…½個
にんじん…½本
パプリカ(赤)…¼個
もやし…½袋
にら…⅔束
ごま油…小さじ1
A ┌ にんにくすりおろし…小さじ1
  │ 玉ねぎすりおろし…大さじ1
  │ りんごすりおろし…大さじ1
  │ しょうゆ…小さじ2
  │ 酒…小さじ2
  │ コチュジャン…小さじ1
  │ 砂糖…小さじ1
  └ 豆板醤(トウバンジャン)…少々
いりごま(白)…適量

作り方
1 牛肉はひと口大に切る。ボウルにAの調味料を混ぜ合わせ、牛肉を入れてもみ込み、ラップをして冷蔵庫で10分ほどおく。
2 玉ねぎは薄切りに、にんじんは細切りにする。パプリカは種を取り、せん切りにする。にらは3〜4cmの幅に切る。
3 フライパンにごま油を熱し、2のにら以外の野菜を炒め、しんなりしてきたらもやしを加える。
4 全体に油がなじんだら、1の牛肉を加え、炒め合わせる。仕上げににらを加えてサッと炒める。
5 器に盛り、いりごまをちらす。

にんじんしりしり
⇒ P85 参照

アサリとブロッコリーのガーリック炒め

ビタミンCを多く含むブロッコリーは、鉄分たっぷりのアサリと食べると代謝アップの効果が！ にんにくの香ばしさとピリ辛の鷹の爪が食欲をそそります。

材料(2人分)
ブロッコリー…100g　　オリーブ油…大さじ2
アサリ(殻つき)…100g　白ワイン…大さじ2
にんにく…1かけ弱　　　しょうゆ…小さじ1
鷹の爪…½本　　　　　　黒こしょう…少々

作り方
1 アサリは塩水(分量外)に入れて2〜3時間おき、砂抜きしておく。鍋に湯を沸かし、小房に分けたブロッコリーを固めにゆでる。
2 にんにくはみじん切り、鷹の爪は種を取り、輪切りにする。
3 オリーブ油を熱したフライパンに2のにんにくを入れ、弱火で香りを出し、鷹の爪を入れる。そこに、白ワインと1のアサリを加えてすぐにふたをし、蒸し焼きにする。
4 アサリの口が開いたら1のブロッコリーを加え、全体を炒め合わせ、仕上げにしょうゆを回しかける。
5 器に盛り、お好みで黒こしょうをふる。

参鶏湯風スープ (サムゲタン)

韓国を代表する滋養食"参鶏湯"を手羽元を使って簡単にアレンジ。にんにくとしょうがで滋養強壮！ 鶏肉の旨みが体にしみわたります。

材料(2人分)
手羽元…100g　　　　　水…500㎖
しょうが…1かけ　　　　塩…少々
にんにく…1かけ　　　　長ねぎ(白い部分)…適量
酒…大さじ3　　　　　　香菜(シャンツァイ)・黒こしょう…各適量

作り方
1 手羽元に塩少々(分量外)で下味をつける。しょうがは皮をむき、輪切りに、にんにくは包丁でたたいておく。
2 鍋に水と酒を入れ、1の手羽元、しょうが、にんにく、塩を加えて火にかける。アクを取りながら、1時間ほど煮て、仕上げに塩で味を調える。
3 器に盛り、白髪ねぎにした長ねぎをたっぷりのせ、お好みで香菜をのせ、黒こしょうをかける。

05 魚メインの献立なら
アクアパッツァ献立

鉄分をたっぷり含むアサリと、白身魚のたんぱく質を中心に、アスリートの体をしっかりサポートできる献立です。白身魚は脂肪分が少なく、ヘルシーで消化もよいのが特徴。魚介の旨みが凝縮した汁まで美味しいので、汁ごと残さず味わって。副菜に、肉や豆腐類をセレクトして献立全体のバランスを整えます。

アクアパッツァ

簡単かつ彩りがよく、華やかな料理なので、お客様のおもてなしにもピッタリ。イサキなど他の白身魚でも美味しいです。

材料(2人分)
鯛(切り身)…2切れ
アサリ(殻つき)…140g
A ⎡ プチトマト…8個
  ⎢ パプリカ(黄)…½個
  ⎣ しめじ…½パック
にんにく…1かけ
玉ねぎ…½個
オリーブ油…大さじ2
B ⎡ 白ワイン…120mℓ
  ⎣ コンソメスープの素(固形)…1個
バジル・オレガノ(乾燥)…各少々
塩・こしょう…各少々

作り方
1. アサリは塩水(分量外)に入れて2〜3時間おき、砂抜きしておく。パプリカは種を取り、1cm幅の細切りに、プチトマトはヘタを取る。しめじは石づきを取り、小房に分けておく。にんにくと玉ねぎはみじん切りにする。
2. 鯛は流水でよく洗い、キッチンペーパーで水けをふき取り、両面に軽く塩少々(分量外)をふる。魚焼きグリルで皮目に軽く焼き色がつく適度に焼く。
3. フライパンにオリーブ油をひき、**1**のにんにくと玉ねぎを弱火で炒める。香りが出たら、真ん中に**2**の鯛を置き、そのまわりに**A**の野菜を入れ、**B**の調味料を回しかけ、すぐにふたをして蒸し焼きにする。
4. 野菜がしんなりとしたらアサリ、バジル、オレガノを入れて、もう一度ふたをして、アサリの口が開くまで火を通し、塩・こしょうで味を調える。
5. 器に盛り、お好みでバジルの葉(分量外)をちらす。

アスパラの豚肉巻き

アスパラガスは旨みと栄養を逃さないためにも「炒める」調理がオススメ。疲労回復、スタミナアップに役立ちます。冷めても美味しいのでお弁当のおかずにも。

材料(2人分)
豚ロース薄切り肉…90g
アスパラガス…4本
塩・こしょう…各少々
オリーブ油…小さじ1
酒…90mℓ
マヨネーズ…適量

作り方
1. アスパラガスは筋をそぎ、固い部分は切り落とす。豚肉に塩・こしょうをふっておく。
2. **1**のアスパラガスに豚肉を巻きつける。
3. フライパンにオリーブ油を熱し、豚肉の巻き終わりを下にして、強火で焼き色をつけ、裏返す。
4. **3**に酒を一気に入れ、ふたをして蒸し焼きにする。
5. 焼き上がったものをまな板に取り出し、2等分したら器に盛り、お好みでマヨネーズをかける。

厚揚げのカリカリ焼き

食べごたえのある厚揚げはオーブントースターで焼くだけの簡単調理で立派な一品に。豆腐の栄養が凝縮されている厚揚げは、カルシウムも豊富な優秀食材です。

材料(2人分)
厚揚げ豆腐…1丁
青ねぎ…⅓束
しょうがすりおろし…小さじ2
かつお節…適量
だししょうゆ…大さじ2

作り方
1. 厚揚げは4等分にして、アルミホイルにのせ、オーブントースターでカリッとするまで焼く。
2. 青ねぎは小口切りにする。
3. 器に**1**の厚揚げを盛り、しょうが、**2**の青ねぎ、かつお節をのせ、だししょうゆをかける。

06 集中力を高める！
豚ヒレのソテー レモンオニオンソース献立

ストレスがかかると大量に消費されるビタミンB₁とビタミンCをたっぷり補給できる献立です。炭水化物のエネルギー代謝も助けてくれるので、エネルギー切れを防ぎやすくなります。集中力をキープしたい時にオススメです。

豚ヒレのソテー レモンオニオンソース

豚ヒレ肉のビタミンB₁と玉ねぎのアリシン、レモンのビタミンCでエネルギー代謝アップ。香ばしくソテーにしてさっぱり、かつコクあるソースで味わいます。

材料(2人分)
豚ヒレ肉…350g
塩・こしょう…各適量
オリーブ油…小さじ1
レタス…¼個
パプリカ(赤)…½個
【レモンオニオンソース】
　玉ねぎ…½個
　オリーブ油…小さじ1
　A [しょうゆ…大さじ2
　　　みりん…大さじ2
　　　オイスターソース…大さじ1]
　レモン汁…大さじ2

作り方

1 豚肉はひと口大に切り、塩・こしょうをする。玉ねぎはみじん切りにする。レタスは食べやすい大きさに切り、パプリカは種を取り、細切りにする。

2 レモンオニオンソースを作る。フライパンにオリーブ油を熱し、1の玉ねぎを炒め、透明になってきたら混ぜ合わせたAの調味料を入れて煮詰める。仕上げにレモン汁を回し入れ、器に取り出しておく。

3 フライパンをキレイにし、オリーブ油を熱し、1の豚肉を入れ、中弱火で焼く。焼き色がついたら裏返し、反対側も同様に焼く。

4 1のレタスとパプリカを盛った器に、3の豚肉をのせ、2のソースをかける。

豆腐のキムチのせ
⇒ P82 参照

めかぶのお浸し

めかぶとえのきだけからミネラルを摂取。かつお節やじゃこをのせて、カルシウムをアップ!

材料(2人分)
めかぶ…2パック　　だししょうゆ…大さじ2
えのきだけ…¼袋　　かつお節…適量
ピーマン…1個　　　じゃこ…適量

作り方

1 えのきだけは根元を切り落とし、横半分に切る。ピーマンは縦半分に切り、ヘタと種を取って5mmほどのせん切りにする。

2 鍋に湯を沸かし、1の野菜をサッとゆでる。

3 ボウルにめかぶとだししょうゆを入れ、混ぜ合わせ、2の野菜を加え、和える。

4 器に盛り、お好みでかつお節やじゃこをのせる。

とうもろこしの豆乳スープ

芯から甘みのあるだしが出るので、一緒に煮るのがポイント。炭水化物、カルシウムなどたくさんの栄養素が摂れるので、緊張や疲れでごはんが進まない時に。

材料(2人分)
とうもろこし…1本
玉ねぎ…¼個
オリーブ油…少々
A [水…200ml
　　コンソメスープの素(固形)…½個]
調整豆乳…150ml
塩・こしょう…各適量
パセリ(乾燥)…適量

作り方

1 とうもろこしは皮をむき、ひげを取り、包丁で実をそぐ。玉ねぎは薄切りにする。

2 フライパンにオリーブ油を熱し、1の玉ねぎを弱火で炒める。しんなりしてきたら、1のとうもろこしを加え、軽く炒め合わせる。

3 鍋に2とA、1のとうもろこしの芯を入れ、弱火で10分ほど煮立てる。粗熱を取ったら、芯を取り除いてからミキサーにかけ、なめらかにする。

4 鍋に3を戻し、豆乳を加えて煮立て、塩・こしょうで味を調える。

5 器に盛り、パセリをちらす。

| 07 | エネルギーを生み出す！

ヘルシー
サムギョプサル献立

炭水化物を効率よくエネルギーに変えるビタミンB₁を、豚肉で。その吸収を助けるアリシンを、ねぎ＆にんにくで。副菜のれんこんでさらにエネルギー代謝を助けます。前田家では試合前によく食べています。

ヘルシーサムギョプサル

通常、三枚肉(バラ肉)を使うサムギョプサルも、我が家では豚ヒレ肉を使い脂質をカット！肉と野菜を同時に摂取できるバランスのよい一品です。

材料(2人分)
豚ヒレ(またはもも)ブロック…300g
ごま油…少々
サンチュ…10枚
キムチ…60g
【味噌だれ(サムジャン)】
A［
コチュジャン…大さじ2
米味噌…大さじ2
砂糖…小さじ1
酒…大さじ1
ごま油…小さじ1
にんにくすりおろし…小さじ1
］
長ねぎ(白い部分)…½本
ごま油・塩・黒こしょう…各適量

作り方
1 豚肉は食べやすい大きさに切る。サンチュは1枚ずつちぎっておく。
2 味噌だれ(サムジャン)を作る。ボウルにAの材料を入れ、よく混ぜ合わせる。
3 長ねぎは白髪ねぎにし、ごま油と塩、黒こしょうで和える。
4 フライパンにごま油少々を熱し、1の豚肉を入れ、中弱火で焼く。焼き色がついたら裏返し、反対側も同様に焼く。両面に焼き色がつくまで焼く。
5 器に4の豚肉を盛り、1のサンチュ、2の味噌だれ、3の白髪ねぎ、キムチを添える。お好みでごま油と塩を混ぜた塩だれにつけていただく。

オクラとイカの和え物
⇒ P84 参照

れんこんのパルメザンチーズ焼き

れんこんのビタミンCは加熱調理しても、失われにくいのが特徴。パルメザンチーズ&バジルでイタリアンテイストに仕上げました。

材料(2人分)
れんこん…½節
オリーブ油…少々
A［
パルメザンチーズ…大さじ1½
バジル(乾燥)…小さじ1
］
塩…少々

作り方
1 れんこんは皮をむき、5mm幅の輪切りにして水にさらしておく。
2 フライパンにオリーブ油をひき、水けをきった1のれんこんを加え、中弱火で炒める。しんなりしてきたら塩を加え、焼き色がついてきたら、フライパンの端に寄せる。
3 フライパンの空いたスペースにAを加え炒める。チーズが溶け、香りが立ってきたら、端に寄せていたれんこんを上にのせ、パルメザンチーズが全体にからむように炒め合わせる。

中華風卵スープ

隠し味におろしにんにくを使いアリシンパワーをプラスして、仕上げに抗酸化パワーのごまをちらすのが前田家流。プラスひと工夫で栄養もアップ。

材料(2人分)
卵…2個
青ねぎ…⅓束
A［
水…2カップ
中華スープの素…小さじ2
にんにくすりおろし…小さじ½
］
塩・こしょう…各少々
いりごま(白)…小さじ1
ごま油…少々

作り方
1 青ねぎは小口切りにする。
2 鍋にAを入れて火にかけ、沸騰したら1の青ねぎを入れ、火を止めてから溶いた卵を回し入れる。塩・こしょうで味を調える。
3 器に盛り、お好みでいりごまをちらし、ごま油を回し入れる。

08 試合後の筋肉修復に

牛ヒレ肉と彩り野菜の
オイスターソース炒め献立

運動後、筋肉を修復するために活躍するたんぱく質を豊富に含む牛ヒレ肉。前田家では試合後に食べることの多い献立です。不足しがちな鉄分もたっぷり摂れます。副菜は切り干し大根や小松菜など野菜を中心にし、筋肉疲労の回復に効果的なカルシウムを補充します。

牛ヒレ肉と彩り野菜の
オイスターソース炒め

赤、黄、緑の三色野菜が鮮やかな一品。とろみがあると食べやすく、ごはんも進むので調味液はたっぷりと。

材料 (2人分)
牛ヒレ肉…160g
ブロッコリー…⅔株
パプリカ(赤・黄)…各½個
にんにく…1かけ
塩・こしょう…各少々
ごま油…小さじ2
A [酒…大さじ2強
    オイスターソース…大さじ1
    甜麺醤(テンメンジャン)…小さじ1
    水…大さじ3]
片栗粉…小さじ1

作り方

1. 牛肉はひと口大にそぎ切りし、塩・こしょうをしておく。鍋に湯を沸かし、小房に分けたブロッコリーを固めにゆでる。パプリカは種を取り、細切りにする。にんにくはみじん切りにする。

2. フライパンにごま油小さじ1を熱し、1のにんにくを入れ香りが立ったら、1の牛肉を強火で炒める。色が変わったら1のブロッコリーとパプリカを入れ、炒め合わせる。

3. Aの調味料を混ぜ合わせ、2のフライパンに回しかけ、全体になじませる。最後に片栗粉を水(分量外)で溶いたものを入れ、全体を混ぜ、火を止める。

4. 器に盛り、仕上げに残りのごま油小さじ1を回しかける。

小松菜ともやしのナムル
⇒ P79 参照

切り干し大根の煮物

干すことで大根の栄養と旨みがグッと増す切り干し大根。にんじんや油揚げに煮汁がたっぷりしみこんだ、飽きのこない味わいです。

材料 (2人分)
切り干し大根(乾燥)…20g
にんじん…⅓本
油揚げ…½枚
A [だし汁…140mℓ
    酒…大さじ1
    しょうゆ…大さじ2
    みりん…大さじ1]
ごま油…小さじ1

作り方

1. ボウルに切り干し大根入れ、水をひたひたになるまで注ぎ、10分ほど浸す。汚れを軽くすすいだらよく水けをきり、食べやすい大きさに切る。にんじんはせん切り、油揚げは5mm幅に切る。

2. 鍋にAの調味料を入れ煮立て、1の材料をすべて入れる。

3. 2に落としぶたをして20分ほど、弱火で汁けがなくなるまで煮る。

4. 仕上げにごま油を回しかけて、火を止める。

シジミのお味噌汁

ミネラル豊富なシジミは疲労回復を助ける優秀食材。特に鉄分がたっぷり含まれます。身に栄養があるので、だしとしてだけでなく、身を残さず食べるのがポイント。

材料 (2人分)
シジミ…150g
赤味噌…大さじ1
だし汁…2カップ

作り方

1. シジミは真水(分量外)に入れて2〜3時間おき、砂抜きしておく。

2. 鍋にだし汁とシジミを入れ煮立てる。シジミの口が開いたら赤味噌を溶き、沸騰する直前で火を止める。

09 寒い日に！体ぽっかぽか！
豚肉とキャベツのミルフィーユ煮献立

胃腸が冷えると消化吸収力が落ちてしまうので注意が必要。たっぷりのスープでコトコト煮込んだキャベツと豚肉で、体を芯から温めます。キムチに含まれるカプサイシンの効果と、あんかけ豆腐のあつあつのとろみでさらに体がぽかぽかに。寒いシーズンにオススメの献立です。鉄分をたっぷり摂れる副菜とともに。

豚肉とキャベツの
ミルフィーユ煮

キャベツが胃腸の粘膜を保護してくれる、体にやさしいいたわりメニュー。遅い帰宅の時や疲れている時にもオススメです。

材料（2人分）
豚ロース（しゃぶしゃぶ用）…120g
キャベツ…½個
A ┃ 酒…大さじ4
　 ┃ 塩…小さじ1
　 ┃ 水…4カップ
　 ┃ コンソメスープの素（固形）…1個

作り方

1　キャベツは芯を取って、葉をはがす。

2　鍋にキャベツの葉を2枚ほどしき、その上に豚肉を広げて並べ、さらにキャベツの葉を重ね、これを繰り返していく。

3　2の鍋にAの調味液を加え、ふたをして15～20分ほど弱火で蒸し煮にする。

4　キャベツがしんなりしたら、竹串を刺して透明な汁が出るか確認し、火を止める（赤い汁の場合はさらに煮込む）。

5　4のキャベツを層が壊れないようにそっと取り出し、ひっくり返してケーキのように切り分け、器に盛る。

あんかけ豆腐
⇒ P83 参照

カツオのたたき キムチ和え

赤身の魚といえば、カツオ。鉄分をたっぷり含み、たんぱく質も多く摂れるのでアスリート向きの食材です。

材料（2人分）
カツオのたたき…160g
玉ねぎ…½個
キムチ…60g
A ┃ ポン酢…40mℓ
　 ┃ ごま油…小さじ2
　 ┃ にんにくすりおろし…小さじ1

作り方

1　カツオのたたきはさくの場合、1cm幅に切る。玉ねぎは薄切りにし、水にさらす。

2　ボウルにキムチとAの調味料を加え、和える。

3　器に1の玉ねぎをしき、その上にカツオを盛り、2のキムチをのせる。ラップをかけ、冷蔵庫で20～30分ほどおく。

ほうれん草と
カリカリベーコンのサラダ

鉄分を豊富に含むほうれん草をにんにくの風味が効いたイタリアンテイストのサラダでたっぷりいただきます。

材料（2人分）
サラダほうれん草…½束
スライスベーコン…2枚
マッシュルーム…6個
にんにく…1かけ
A ┃ オリーブ油…大さじ2
　 ┃ 白ワインビネガー…大さじ1
　 ┃ 塩・こしょう…各少々

作り方

1　サラダほうれん草は食べやすい大きさに切る。ベーコンは1cm幅に切り、マッシュルームは石づきを取り、薄切りにする。にんにくも薄切りにする。

2　フライパンにオリーブ油少々（分量外）を入れ、にんにくを弱火で炒め、香りを出す。そこにベーコンを加え、炒めていく。

3　色よく焼けたら火を止めて、混ぜ合わせたAの調味料を加え、全体を混ぜ合わせる。

4　器に1のサラダほうれん草とマッシュルームを盛り、3のドレッシングを熱いうちにかける。

10 女性にもオススメ！
鮭のチャンチャン焼き献立

抗酸化作用があり、アンチエイジングにも効果的と話題のアスタキサンチンが豊富に含まれる鮭。トマトのリコピンも抗酸化作用があり美肌に効果があると言われ、女性にもオススメの献立です。副菜にも野菜をたっぷり取り入れビタミンもチャージ！

鮭のチャンチャン焼き

食べやすく、アレンジ方法も多彩な鮭は一年中手に入りやすいので重宝する食材。甘辛い味噌風味でこっくりと。

材料(2人分)
- 生鮭(切り身)…2切れ
- キャベツ(葉)…2〜4枚
- 玉ねぎ…¼個
- にんじん…½本
- しめじ…½パック
- 青ねぎ…適量
- A
  - 味噌…大さじ1
  - しょうゆ・みりん…各小さじ½
  - 酒…大さじ2
  - にんにくすりおろし…小さじ½
- バター…10g

作り方

1. 鮭は3等分に切り、キャベツはざく切りにする。玉ねぎは2cm幅のくし形切り、にんじんは5mm幅の輪切りにする。しめじは石づきを取って、小房に分ける。
2. フライパンに野菜を並べ、その上に1の鮭を並べる。混ぜ合わせたAの調味料を回しかけ、バターをちぎってちらす。
3. ふたをして中火にかけ、10分ほど蒸し焼きにする。野菜がしんなりしたら一度全体を混ぜ合わせる。
4. 器に盛り、小口切りにした青ねぎをちらす。

揚げだし豆腐

疲れた時にはつるりと絹で食べやすく、カルシウムなどのミネラルを強化したい時は木綿と、コンディションに合わせてセレクトを。

材料(2人分)
- 豆腐…1丁
- 片栗粉…適量
- めんつゆ(ストレート)…100mℓ
- 揚げ油…適量
- 大根おろし…適量
- しょうがすりおろし…小さじ1

作り方

1. 豆腐は適当な大きさに切り、キッチンペーパーで包み、耐熱皿にのせ、上に皿などを重しとしてのせ電子レンジで1〜2分ほど加熱(水きり)する。水けをふいて、片栗粉をはたくようにつける。
2. 揚げ油を170℃に熱し、1の豆腐を上下左右に返しながらきつね色に揚げ、取り出しておく。
3. 器に2の豆腐を盛り、温めためんつゆをかけ、大根おろしとしょうがをのせる。

トマトと新玉ねぎのマリネ

新玉ねぎのシーズンは、水分が多く甘みがあり、マリネにぴったり。もちろん普通の玉ねぎでもOKです!

材料(2人分)
- 新玉ねぎ…½個
- トマト…1個
- ケイパー…5g
- A
  - オリーブ油…小さじ2
  - 白ワインビネガー…小さじ1
  - 塩・こしょう…各少々

作り方

1. 新玉ねぎは薄切りにし、水に30分ほどさらし、水けをしっかりきっておく。トマトは縦に薄切りにする。ケイパーはサッと水で洗う。
2. ボウルにAの調味料を混ぜ合わせ、1の玉ねぎとトマト、ケイパーを入れ、全体を和える。
3. ラップをかけ冷蔵庫に30分ほど入れ、味をなじませる。

小松菜と桜海老のお浸し
⇒ P78 参照

青梗菜と卵のスープ

カリウムやカルシウムを豊富に含む青梗菜とたんぱく質を含む卵を、中華風仕立てで。とろみがついているので口当たりもやわらかです。

材料(2人分)
- 青梗菜…⅔株
- 卵…2個
- 片栗粉…小さじ1
- 塩・こしょう…各少々
- ごま油…少々
- A
  - 水…200mℓ
  - 中華スープの素…小さじ2
  - しょうゆ…小さじ1
  - しょうがすりおろし…小さじ1

作り方

1. 青梗菜は軸の部分と葉先を分けて、食べやすい大きさに切る。
2. 鍋にAの調味液を入れ煮立て、1の青梗菜を軸、葉の順に入れる。
3. 葉がしんなりしたら、片栗粉を水(分量外)で溶いたものを入れ、全体を混ぜ、火を止める。そこに割りほぐした卵を回し入れる。
4. 仕上げに塩・こしょうで味を調え、お好みでごま油をたらす。

11 たまにはご褒美
豚ヒレ肉の竜田揚げ 甘酢ソース献立

夫の2012年のルーティーンごはん（⇒P88）だったのがこの「竜田揚げ」です。豚肉のビタミンB₁で代謝もアップ。甘酢ソースの酸味ととろみで食べやすく仕上げます。副菜も食べごたえバツグン。しっかり食べて、心も体もエネルギーチャージしたい！ という時にオススメの献立です。

豚ヒレ肉の竜田揚げ 甘酢ソース

揚げ焼きすることで、余分な油をカットします。玉ねぎをもやしに代えるとボリュームも増し、節約に！

材料 (2人分)
- 豚ヒレ肉 … 200g
- 片栗粉 (竜田揚げ用) … 適量
- 玉ねぎ … 1/4個
- にんじん … 1/3本
- A
  - しょうがすりおろし … 小さじ2
  - 酒 … 大さじ2
  - しょうゆ … 大さじ1
- 揚げ油 … 適量
- B
  - 水 … 100㎖
  - 中華スープの素 … 小さじ1/2
  - しょうゆ … 大さじ1
  - 砂糖 … 大さじ1
  - 酢 … 大さじ2
  - 塩 … 少々
- 片栗粉 (水溶き片栗粉用) … 小さじ1
- 青ねぎ … 1/2束

作り方
1. 玉ねぎは薄切り、にんじんはいちょう切りにする。
2. 豚ヒレ肉は包丁の背で軽くたたいて、ひと口大に切る。ボウルにAの調味料を混ぜ合わせ、豚肉を加えもみ込み、5～10分ほどおく。軽く水分をきって、片栗粉をまぶす。
3. フライパンに揚げ油を入れ、2を両面がカラリときつね色になるまで4～5分ほど揚げ焼きにする。
4. 鍋にBの調味料を入れ、1の野菜も加え煮立てる。野菜に火が通ったら、片栗粉を水(分量外)で溶いたものを入れ、全体を混ぜ、火を止める。
5. 3を器に盛り、4をかけて小口切りにした青ねぎをちらす。

なめこのお味噌汁

なめこでミネラルを補給。弾力のある食感と、つるんとしたのどごしが楽しめる定番の美味しさ。

材料 (2人分)
- なめこ … 1/2袋
- 味噌 … 大さじ1
- だし汁 … 2カップ

作り方
1. なめこはザルに入れて軽く洗う。
2. 鍋にだし汁を入れ煮立て、1のなめこを入れる。ひと煮立ちしたら味噌を溶き、沸騰する直前で火を止める。

長芋ステーキ 磯辺焼き

サクサクの長芋を、ミネラル豊富なのりで巻いて。長芋に含まれる酵素が消化吸収を助けてくれるのでボリュームのある肉料理の副菜に適役です。

材料 (2人分)
- 長芋 … 120g
- バター … 10g
- 黒こしょう … 少々
- だししょうゆ … 小さじ1
- 味付けのり … 6枚

作り方
1. 長芋は皮をむいて、1～1.5㎝くらいの厚さに輪切りにし、水にさらす。
2. 熱したフライパンにバターを溶かし、水けをきった長芋を入れ、色よく焼く。上から黒こしょうをかけ、裏返し、反対側も同様に色よく焼く。
3. フライパンの鍋肌からだししょうゆを回しかけ、少し焦がしながら長芋になじませる。
4. 器に盛り、別皿に味付けのりを添える。食べる直前にのりで巻く。

タコとパプリカのマリネ

タコは低脂肪＆高たんぱく質でアスリート向きの食材。レモンの酸味でさわやかに。

材料 (2人分)
- タコ(刺身用) … 25g
- パプリカ(赤) … 1/2個
- きゅうり … 1/2本
- A
  - オリーブ油 … 小さじ1
  - レモン汁 … 小さじ1
  - 塩・黒こしょう … 各少々

作り方
1. タコは小さめのぶつ切りにする。パプリカは種を取り、きゅうりとともに1㎝角のダイスカットにし、一度、水にさらしてから水けをよくきっておく。
2. ボウルにAの調味料を入れよく混ぜ合わせ、1のタコ、パプリカ、きゅうりを加え和える。
3. ラップをかけ冷蔵庫に30分ほど入れ、味をなじませる。

夫からのリクエストNo.1！

麻婆豆腐献立

夫からよくリクエストされるメニューがこの麻婆豆腐。豚肉のビタミンB_1＆ねぎのアリシン効果で栄養も◎で、さらに豆腐と豚ひき肉で植物性と動物性のたんぱく質を同時に摂取できます。栄養価も高く彩りのよいトマトとブロッコリーの副菜を添えて、献立全体を明るい印象に仕上げます。

麻婆豆腐

辛味を効かせた麻婆豆腐は、ごはんが進むおかずの代表選手。消化にもよいやわらかな豆腐のプルプルの食感が楽しめます。

材料（2人分）
絹ごし豆腐…2/3丁
豚ひき肉…80g
長ねぎ…2/3本
にんにく…1かけ
しょうが…1/2かけ
塩・こしょう…各少々
豆板醤…小さじ1弱
甜麺醤…小さじ1
A[酒…小さじ2
　 中華スープの素…小さじ1
　 水…120ml
　 しょうゆ…小さじ1]
片栗粉…小さじ1
ごま油…小さじ1

作り方
1 豆腐は1.5～2cm角の大きさに切り、沸騰したお湯で軽くゆで、ザルなどで水けをきる。
2 長ねぎ、にんにく、しょうがはすべてみじん切りにする。仕上げにちらす長ねぎを少量取っておく。
3 フライパンを加熱し、ごま油を入れ、2のにんにくとしょうがを入れ炒め、香りが立ったら豚ひき肉を入れて色が変わるまで炒め、塩・こしょうする。そこに2の長ねぎと豆板醤、甜麺醤を入れて、さらに炒める。
4 混ぜ合わせたAの調味液を加え煮立たせる。アクを取ったら1の豆腐を入れてさらにひと煮立ちさせ、片栗粉を水（分量外）で溶いたものを入れ、全体を混ぜ、火を止める。
5 仕上げにごま油少々（分量外）を回しかけ、器に盛り、2の長ねぎをちらす。

ブロッコリーの塩昆布和え
⇒ P80参照

トマトのホットカプレーゼ

オーブントースターで簡単仕上げ。彩りもかわいくジューシーなので、トマトが苦手な人でも食べやすい一品です。

材料（2人分）
プチトマト…10個
モッツァレラチーズ…40g
バジル（葉）…2枚
オリーブ油…大さじ4
塩・こしょう…各少々

作り方
1 プチトマトはヘタを取り、2等分にする。切り口に塩・こしょうをふり、オリーブ油をかける。
2 モッツァレラチーズは、プチトマトの大きさに合わせて10個に切る。
3 1のトマトの間に2をはさみ、アルミホイルの上に並べ、オーブントースターでチーズが溶けるまで3～4分ほど焼く。
4 3のプチトマトを1個ずつ楊枝で刺し、器に盛り、細かくちぎったバジルの葉をのせる。

アサリとワカメのスープ

主菜がお肉を使ったボリュームある料理なので、それを引き立てるあっさり味のスープをセレクト。アサリから出るだしを活かして味付けはシンプルに。

材料（2人分）
アサリ（殻つき）…50g
ワカメ（塩蔵）…10g
長ねぎ…1/3本
A[水…2カップ
　 中華スープの素…小さじ2]

作り方
1 アサリは塩水（分量外）に入れて2～3時間おき、砂抜きしておく。ワカメは水で戻し、熱湯にくぐらせ水に取り、ひと口大に切る。長ねぎは輪切りにする。
2 鍋にAを入れ、1のアサリを入れ煮立てる。アサリの口が開いたらワカメと長ねぎを加え、さらに煮立てる。

| 13 | 食欲がない時に

豚肉と野菜の
とろ〜り炒め献立

ハードなトレーニングの後の体の疲れや、精神的に疲れている時にもオススメの献立です。のどごしのよい、とろりとしたあんと少し濃いめの味付けに思わず箸が進みます。さっぱりとした酸味が食欲を刺激する酢の物と、見た目も楽しめるカラフルな野菜のきんぴらを添えて、栄養バランスもアップ。

豚肉と野菜のとろ～り炒め

ポイントとなるとろみの調味液はたっぷりと。調理時間を短縮させたい時はにんじんも一緒に下ゆでしてもOKです。

材料 (2人分)
豚もも薄切り肉…180g
ブロッコリー…1/3株
にんじん…1/2本
マッシュルーム…6個
にんにく…1かけ
しょうが…1かけ
塩・こしょう…各少々
ごま油…大さじ1

A
- オイスターソース…大さじ2
- 中華スープの素…小さじ1
- 紹興酒…大さじ3
- 砂糖…小さじ1/2
- 水…200ml

片栗粉…小さじ1

作り方
1. 鍋に湯を沸かし、小房に分けたブロッコリーを固めにゆでる。マッシュルームは石づきを切り落とし、2等分にする。にんじんは短冊切りにする。にんにくとしょうがはみじん切りにする。
2. フライパンにごま油を熱し、1のにんにくとしょうがを入れ、香りが立ってきたら食べやすい大きさに切った豚肉を加え、塩・こしょうで味をつける。
3. にんじん、ブロッコリー、マッシュルームの順に加え、全体に油が回り、野菜がしんなりしてきたら、混ぜ合わせたAの調味料を回しかける。
4. 味がなじんだら、片栗粉を水(分量外)で溶いたものを少しずつ入れ、お好みのとろみで火を止める。

オクラとモズクの酢の物
⇒ P84 参照

カラフルきんぴら

パプリカとにんじんに含まれるカロテンの吸収率を油で最大に引き出した、疲労回復きんぴらです。さつまあげを加えても美味しいです。

材料 (2人分)
パプリカ(赤・黄)…各1個
アスパラガス…3本
にんじん…1/2本
ごま油…大さじ1
鷹の爪…1/3本
めんつゆ(ストレート)…大さじ2
いりごま(白)…小さじ1

作り方
1. パプリカは種を取り、横向きにしてせん切りにする。アスパラガスは5cmほどのななめ切り、にんじんはせん切りにする。鷹の爪は種を取り、輪切りにする。
2. フライパンにごま油を入れ、鷹の爪を入れて弱火で香りを出す。そこに1の野菜をすべて加え、一気に炒め合わせる。
3. 油が全体に回ったら、めんつゆを加え、さらに炒め合わせる。
4. 器に盛り、お好みでいりごまをかける。

豆腐とねぎのお味噌汁

食事で水分を補給するのに役立つのが汁物。豆腐でたんぱく質とカルシウムを補給します。

材料 (2人分)
豆腐…1/3丁
長ねぎ…1/3本
味噌…大さじ1
だし汁…2カップ

作り方
1. 豆腐は食べやすい大きさに切る。長ねぎは輪切りにする。
2. 鍋にだし汁を入れ煮立て、1の豆腐と長ねぎを入れる。ひと煮立ちしたら味噌を溶き、沸騰する直前で火を止める。

| 14 | 鉄分アップ！

牛もも肉のローストビーフ
サラダ丼献立

牛もも肉には鉄分が豊富に含まれており、野菜や豆類に含まれる鉄分に比べ吸収率がよいのが特徴。炭水化物とたんぱく質、鉄分を同時に摂ることで効率よく栄養吸収できるこの丼は、時間がない時に重宝します。副菜は野菜中心にして、足りないビタミンやミネラルを補充し、バランスよい献立に仕上げます。

牛もも肉の
ローストビーフサラダ丼

夫は昼は丼ものが食べやすいようで、前田家ではランチでいただくことの多いメニュー。たれにごまを加えて、香ばしさと栄養素をプラス!

材料(2人分)
牛もも肉(ブロック)…300g
A ┌ 塩・こしょう…各少々
　└ にんにくすりおろし…小さじ1
オリーブ油…小さじ1
B ┌ しょうゆ…大さじ2
　│ 酢…大さじ2
　│ みりん…大さじ4
　└ オイスターソース…小さじ2
すりごま(白)…少々
玄米ごはん…茶碗2杯強
ベビーリーフ…½パック
わさび…適量

作り方
1 肉は冷蔵庫から取り出し、常温になるまでおいてから、Aの調味料をすり込む。
2 フライパンにオリーブ油をひき、1の肉を焼く。中弱火でまんべんなくこんがりと焼き色をつける。金串などで肉を刺し、真ん中まで温かくなっていれば取り出し、アルミホイルでくるみ、そのまま30分ほどおいておく。
3 鍋にBの調味料を入れ煮立て、少し煮詰まったところですりごまを加える。
4 2の肉を薄切りにする。
5 器に玄米ごはんを盛り、ベビーリーフ、4の肉の順にのせ、3のたれを回しかける。お好みで中央にわさびをのせる。

小松菜とまいたけの煮浸し
⇒ P79 参照

トマトとカリカリじゃこ、
大葉のマリネ

じゃこでカルシウムを強化! トマトに含まれるリコピンで脂肪燃焼を助け、ローストビーフのたんぱく質の代謝をサポートします。

材料(2人分)
トマト(小)…2個
じゃこ…大さじ4
きゅうり…1本
玉ねぎ…⅛個
大葉…4枚
ごま油…大さじ1
A ┌ 酢…大さじ1
　│ 酒…大さじ1
　│ みりん…大さじ1
　│ しょうゆ…大さじ1
　└ 砂糖…小さじ1

作り方
1 トマトは半月の薄切り、きゅうりは縦半分に切り、2mmほどの幅でななめ薄切りに、玉ねぎは薄切りにする。
2 フライパンにごま油を熱し、じゃこを入れてカリカリに炒める。そこにAの調味料を入れ、ひと煮立ちしたら弱火にして半量になるまで煮詰め、火を止めて冷ます。
3 器にきゅうりと玉ねぎを並べ、上にトマトをのせ、2を汁ごと回しかけ、ラップをして冷蔵庫で30分ほど冷やす。
4 食べる直前に大葉をせん切りにし、冷蔵庫から取り出した3にちらす。

かぼちゃのポタージュ

免疫力を高めるβ-カロテンを多く含むかぼちゃ。豆乳と合わせて、自然の甘みが活きたポタージュに仕上げます。

材料(2人分)
かぼちゃ…⅛個
調整豆乳…300ml
塩・こしょう…各適量
パセリ(乾燥)…適量

作り方
1 かぼちゃは種とわたを取り、皮をむき乱切りにする。耐熱皿に入れ、ラップをして電子レンジでスプーンでつぶせるぐらいに加熱する。
2 鍋に豆乳を入れ、弱火で加熱し、温まったら1のかぼちゃを入れて、つぶしながら混ぜる。
3 粗熱を取り、ジューサーまたはミキサーでなめらかになるまで混ぜる。
4 塩・こしょうで味を調え、器に盛り、パセリをちらす。

15 ワンプレートで手軽に！
ガパオライス献立

ワンプレートごはんは時間がない時に、野菜もお肉もごはんも一緒に食べられて効率的なので、ランチにオススメ。細かく刻んだ野菜がたっぷりと入ったガパオライスは、野菜が苦手な人でも食べられる魔法の一皿です。酸味＆辛味の効いたトムヤムクン風スープとともにどうぞ。

ガパオライス

バジルの香りが食欲をそそる、タイ料理のガパオライスは夏の食欲不振にもぴったり。目玉焼きで、たんぱく質をプラス。

材料（2人分）
豚ひき肉…100g
パプリカ（赤・黄）…各¼個
ピーマン…1½個
玉ねぎ…⅓個
鷹の爪…½本
にんにく…½かけ
A [水…40ml
　　ナンプラー…小さじ½
　　オイスターソース…小さじ1½
　　砂糖…小さじ2
　　しょうゆ…小さじ1
　　甜麺醤…小さじ1]
卵…2個
オリーブ油…小さじ2
バジル（葉）…2枚
玄米ごはん…茶碗2杯強

作り方
1 パプリカとピーマン、玉ねぎは1cm角に切る。鷹の爪は種を取り輪切りに、にんにくはみじん切りにする。
2 フライパンにオリーブ油小さじ1をひき、1の鷹の爪とにんにくを弱火で炒め、香りが立ってきたら豚ひき肉を入れ、中火でほぐしながら炒める。
3 2に混ぜ合わせたAの調味料を加え煮立て、そこに1の野菜を入れ、全体を炒め合わせる。野菜がしんなりしたら手でちぎったバジルを加えてサッと炒め、火を止める。
4 別のフライパンに残りのオリーブ油小さじ1を熱し、卵を割り入れ、半熟の目玉焼きを作る。
5 器に玄米ごはんを盛り、3を盛りつけ、4の目玉焼きをのせる。

アスパラサラダ トマトオニオンドレッシング

トマトを"食べるドレッシング"にしてしまうアイデアレシピ。オイルはアマニ油を使うとさらに栄養価アップ！

材料（2人分）
アスパラガス…4本
トマト…¼個
玉ねぎ…¼個
A [オリーブ油…大さじ2
　　酢…大さじ2
　　ハーブソルト…少々
　　こしょう…少々]

作り方
1 アスパラガスは筋をそぎ、固い部分は切り落とす。鍋に湯を沸かし、塩少々（分量外）を加え、サッとゆでる。トマトと玉ねぎはみじん切りにする。
2 ボウルにトマトと玉ねぎとAの調味料を加えて混ぜ合わせ、冷蔵庫で10〜20分ほど冷やす。
3 器に1のアスパラガスを盛り、3をかける。

トムヤムクン風スープ

低脂肪、高たんぱく質の海老は、アスリートに喜ばれる食材。アジアンテイストのアレンジスープで。

材料（2人分）
海老（むき海老でも可）…50g
しいたけ…1枚
A [ナンプラー…大さじ1½
　　レモン汁・酢…各大さじ1
　　中華スープの素…大さじ½
　　砂糖…大さじ½
　　しょうゆ・豆板醤…各小さじ½
　　ごま油…小さじ½
　　しょうがすりおろし…小さじ¼
　　水…2カップ]
香菜…適量

作り方
1 海老の殻をむき、背ワタと尾を取る。よく洗い、キッチンペーパーで水けをきる。しいたけは石づきを取り、薄切りにする。
2 鍋にAの調味液を入れ煮立て、1のしいたけを入れて煮る。食べる前に1の海老を加え、海老の色が変わるまで煮立てる。
3 器に盛り、香菜を飾る。

Column.1

もうひと工夫で美味しく、ヘルシーな食生活

栄養バランスを考えて献立を立てること以外にも、ちょっとしたもうひと工夫で、毎日の食事がヘルシーになります。私が実践していることの中から、そのいくつかをご紹介します。

1 フッ素樹脂加工のフライパンで不要な油はカット！

我が家では、焼いたり、炒めたりする時、不要な油はなるべく使わないようにしています。そのため、油を入れなくても焦げないようにフッ素樹脂加工のフライパンを使っています。料理に必要な場合は、体によいオリーブ油やごま油、その他のオイル類（→P94）をセレクト。この本で使用している揚げ油も、気になる方はぜひオリーブ油やごま油などを使用してみてください。

2 前田家でごはんと言えば、玄米！

我が家では、玄米が基本。栄養価が高く、特にビタミンB₁を摂取できるのが特徴です。お米は広島産の無農薬の物を使用。ボタンひとつで玄米を発芽させることができる炊飯器を愛用しています。最近は、酵素玄米にも注目中。酵素玄米とは炊いた玄米と小豆と塩を3日間以上保温し続け、酵素の働きを活性化させるというもの。酵素の働きにより、免疫力がアップすると言われています。寝かせることでモチモチの食感になり、食べやすくもなるんです。

3 ひき肉はフードプロセッサーを使い、自分で作る！

市販のひき肉を炒めていた時、ふと「すごい脂の量だけど、これ、実際、どのぐらいが脂なのだろう」と思ったことがきっかけで、普通のお肉から自分でひき肉を作るようになりました。脂肪分の少ないヒレ肉やもも肉をカットして、フードプロセッサーにかけるだけ。余計な物が入る心配がない上に、脂の量もしっかり把握できるので安心です。とっても簡単でお肉のそのままの旨みが味わえるので、ぜひ一度試してみてください。

The Maeda's menu
PART 2

目的別のおかず

サポートしたい目的に合わせた栄養を、主菜に盛り込んでしまうのが前田家流。だから、決め手は主菜のおかず！ここでは、試合前＝「エネルギーを生み出す」、試合後＝「疲れを回復」、トレーニング期＝「体を作る」と3つのタイミングに分け、目的別に必要な栄養を補う主菜レシピを中心にご紹介します（⇒P9参照）。忙しい時やランチには「ワンプレート」でどうぞ。

エネルギーを生み出す

001

豚しゃぶ香味だれ

ゆでた豚肉に、食欲そそる香味だれをたっぷりかけて。
にらはあまり火を通さず、食感が残るぐらいのシャキシャキ感でいただくと美味しいです。

材料（2人分）
- 豚もも薄切り肉…400g
- 片栗粉…少々
- 酒…大さじ2
- きゅうり…1本
- レタス…2〜3枚
- プチトマト…5個

【香味だれ】
- にら…1/3束
- ごま油…小さじ1
- A
  - ポン酢…大さじ2
  - オイスターソース…小さじ1
  - みりん…大さじ1/2
  - にんにくすりおろし…小さじ1
  - しょうがすりおろし…小さじ1

作り方

1. 豚肉は片栗粉をまぶしておく。きゅうりはピーラーで縦に薄くむき、レタスは手で食べやすい大きさにちぎって冷水にさらす。プチトマトはヘタを取り、2等分する。にらは1.5〜2cmほどの幅に切る。

2. 鍋に湯を沸かし、酒を加える。1の豚肉をサッとくぐらせ、バットに取り出す。

3. 器の中央に1のレタスをしき、それを取り囲むようにリボン状にした1のきゅうりを盛りつける。その上に2の豚肉をのせ、まわりに1のプチトマトを飾る。

4. 香味だれを作る。フライパンにごま油を熱し、1のにらと混ぜ合わせたAの調味料を入れて、すぐに火を止める。

5. 4の香味だれが熱々の状態で、3の豚肉の上からかける。

エネルギーを生み出す

002

鱈と白髪ねぎの中華蒸し

淡白な白身魚の鱈も、ねぎやしょうがなどの香味野菜とともに蒸せば、味に奥行きが出ます。
蒸し物なので胃に負担がかからず、野菜もたっぷり摂れ、試合前にぴったり。

材料（2人分）
鱈（切り身）…2切れ
A ┌ 酒…小さじ2
　└ 塩・こしょう…各少々
しめじ…1/2袋
えのきだけ…1/2袋
長ねぎ…1/2本
にんじん…1/2本
しょうが…1かけ
B ┌ 酒…大さじ2
　│ しょうゆ…小さじ2
　│ ごま油…大さじ1強
　└ 中華スープの素…小さじ1/4

作り方

1 鱈はAの調味料をかけ、しっかりと下味をつける。

2 しめじは石づき、えのきだけは根元を切り、食べやすい大きさにほぐしておく。長ねぎは白い部分をせん切りにして白髪ねぎにする。にんじんは細切りに、しょうがは皮をむいて薄切りにする。

3 耐熱皿ににんじん、えのきだけ、しめじの順にのせ、その上に鱈を置き、長ねぎとしょうがをのせる。混ぜ合わせたBを全体にかけ、ラップをふんわりとかぶせる。

4 電子レンジで2分ほど加熱したら鱈を裏返し、再度1分30秒ほど加熱する。

5 器に4を盛る。耐熱皿に残った蒸し汁は塩・こしょう（分量外）を加え味を調え、鱈の上にかける。お好みで長ねぎの青い部分をちらす。

エネルギーを生み出す

003

肉豆腐

良質のたんぱく質が多く含まれる豆腐が主役の肉豆腐。牛肉にしっかり下味をつけ、
ごはんがすすむ味付けに。長ねぎの代わりに玉ねぎを使っても甘みが出て美味しいです。

材料（2人分）
牛もも薄切り肉…150g
A ［ 酒…大さじ1
　　砂糖…小さじ1/3 ］
焼き豆腐…1丁
長ねぎ…1本
にんじん…1/4本
B ［ 酒…1カップ
　　しょうゆ…大さじ2
　　砂糖…大さじ2 ］
青ねぎ…適量

作り方

1. 牛肉はAの調味料をもみ込み、10分ほどおく。

2. 長ねぎとにんじんは5mm幅のななめ薄切りに、豆腐は食べやすい大きさに切る。

3. フライパンを熱し、1の牛肉を入れ、両面の色が変わる程度にサッと炒め、皿に取り出す。

4. 鍋に2の野菜と豆腐を入れ、Bの調味料を加えてひと煮立ちさせる。そこに3の牛肉を入れ、ふたをして、ときどき豆腐をひっくり返しながら7〜8分ほど煮る。

5. 器に盛り、お好みでななめ薄切りにした青ねぎをちらす。

エネルギーを生み出す

004

鶏むね肉とお野菜のとろとろ煮

やわらかな豆腐は消化がよく、栄養吸収が早いので試合前にぴったり。
とろとろのあんがやさしい口当たりです。お好みでしめじやえのきだけなどのキノコ類を加えるとボリュームアップ。

材料（2人分）
鶏むね肉…150g
片栗粉…適量
白菜（葉）…1枚
にんじん…1/3本
小松菜…1/6束
絹ごし豆腐…1/3丁
A ┌ 水…300ml
　├ 中華スープの素…小さじ2
　├ 酒…大さじ1
　└ 塩…少々
卵…2個

作り方

1 にんじんは3mm幅のいちょう切り、白菜と小松菜は5cm幅に切り、豆腐は水けをきって食べやすい大きさに切る。鶏肉は皮や脂肪部分を包丁で取り除き、1cm幅の薄切りにし、片栗粉をまぶしておく。

2 鍋にAの調味料を入れ、ひと煮立ちしたら1の野菜を入れる。ふたをして中火で5分ほど煮て、野菜がやわらかくなったら、皿に取り出す。

3 2の汁に1の鶏肉を加えサッと煮る。2で取り出した野菜と1の豆腐を鍋に戻し、軽く鍋をゆすりなじませひと煮立ちさせる。

4 仕上げに溶いた卵を回し入れ、すぐに火を止め、ふたをする。卵が半熟になったら、器に盛る。

エネルギーを生み出す

005

ささみの照り焼き

低脂肪、高たんぱく質の代表選手である鶏のささみを、こってり味の照り焼きに。
しっかりと下味をつけるからパサつきません。冷めても美味しいので、お弁当のおかずにも。

材料（2人分）
鶏ささみ…4本
A ┌ しょうゆ…大さじ1
  │ 酒…小さじ2
  └ 塩・こしょう…各少々
小松菜…2株
片栗粉…適量
ごま油…少々
【照り焼きのたれ】
B ┌ しょうゆ…大さじ2
  │ 酒…大さじ2
  │ みりん…大さじ2
  └ 砂糖…大さじ1

作り方

1. 鶏ささみは筋を取って食べやすい大きさに切る。ボウルに鶏ささみとAの調味料を入れ、よくもみ込んで10分ほどおく。

2. 小松菜はざく切りにする。Bの調味料は混ぜ合わせておく。

3. 熱したフライパンに多めのごま油をひき、片栗粉をまぶした1の鶏ささみを中火で焼く。

4. 両面に焼き色がついたら、2の小松菜を加え炒める。混ぜ合わせたBのたれを加え、鶏ささみにたれがからむように焼く。

エネルギーを生み出す
006

カニ玉

ふんわり焼いた卵の食感に甘酸っぱいあんがからみ合ったカニ玉。缶詰のカニのほぐし身を使うので、味わいも本格的。缶詰の汁ごと使うとさらに風味が増します。時間のない時は、ごはんにのせれば天津丼にも。

材料（2人分）
卵…4個
中華スープ…大さじ2
玉ねぎ…¼個
にんじん…⅕本
カニ風味かまぼこ…2本
カニ（ほぐし身/缶詰）…¼缶
ごま油…適量
グリーンピース（水煮）…適量
【甘酢あん】
A [中華スープ…½カップ
    しょうゆ…大さじ½
    砂糖…大さじ½
    トマトケチャップ…大さじ1]
片栗粉…適量

作り方
1 玉ねぎは薄切り、にんじんは短冊切りにして、軽くゆでておく。
2 甘酢あんを作る。鍋にAの調味料を入れ煮立たせ、水（分量外）で溶いた片栗粉を加えて、とろみをつける。
3 ボウルに卵を割りほぐし、中華スープを加える。1の野菜とほぐしたカニ風味かまぼこ、缶詰のカニを入れて、全体を混ぜ合わせる。
4 フライパンを熱し、ごま油をひき、3を一度に流し入れて中火で焼く。まわりが固まってきたら大きめの皿にスライドさせるように取り出し、ひっくり返してフライパンに戻し、反対側を焼く。
5 焼き色がついたら器に盛り、2の甘酢あんをかけて、グリーンピースをちらす。

エネルギーを生み出す

007

海老とアスパラガスの春巻き

海老は高たんぱく質で低脂肪なヘルシー食材。春巻きの皮で炭水化物もチャージできます。
お好みで塩やカレー粉、スイートチリソースなどを添えて楽しむのもGOOD。

材料(2人分)
海老(殻つき)…10尾(150g)
酒…大さじ3
塩…少々
アスパラガス…½束
春巻きの皮…4枚
ピザ用チーズ…40g
小麦粉…適量
揚げ油…適量

作り方

1. 海老の殻をむき、背ワタと尾を取る。酒と塩をふってもみ洗いし、キッチンペーパーで水けをふき、3cmほどに切る。

2. アスパラガスは固い部分を切り落とし、4等分に切る。小麦粉を同量の水(分量外)で溶いて、のりを作る。

3. 春巻きの皮を広げ、1の海老と2のアスパラガス、ピザ用チーズをのせ、空気が入らないように巻いていく。巻き終わりの角に2ののりをぬって、とめる。

4. フライパンに揚げ油を浅めに入れ、中火で両面を揚げ焼きにする。こんがりときつね色になったら器に盛る。

エネルギーを生み出す

008

ゴーヤーチャンプルー

ビタミンCを多く含むゴーヤーは、炒めてもビタミンがほとんど失われない優れた野菜です。
卵と豆腐も入り、栄養も美味しさも間違いなし。仕上げのかつお節でカルシウムも補給！

材料(2人分)
ゴーヤー(中)…1本
木綿豆腐…½丁
豚もも細切れ肉…100g
A ┌ 酒(あれば泡盛)…大さじ1
　└ しょうゆ…大さじ1
卵…2個
ごま油…大さじ½
水…大さじ1
かつお節…少々

作り方

1 ゴーヤーは縦半分に切り、スプーンで種とワタを取り除き、塩(分量外)をすり込んで10分ほどおく。一度洗ってから厚さ2〜3mmの薄切りにする。

2 木綿豆腐を食べやすい大きさに切り、キッチンペーパーで水けをふく。豚肉はAの調味料で下味をつけておく。

3 熱したフライパンにごま油をひき、1のゴーヤーを入れる。少ししんなりしたら水を加えて、ふたをして蒸し焼きにし、皿に取り出しておく。

4 フライパンに2の豚肉を入れ、箸でほぐしながら色が変わるまで炒める。3のゴーヤーを戻し、2の木綿豆腐を手で軽くつぶしながら加え、全体を炒め合わせる。

5 4のフライパンに割りほぐした卵を流し入れ、ふたをして1〜2分ほど蒸らす。卵が半熟の状態で火を止め、全体をざっくりと炒め合わせ、器に盛り、かつお節をちらす。

エネルギーを生み出す

009

餃子

豚肉のたんぱく質と代謝を促すビタミンB_1に、にら、にんにくに含まれるアリシン、消化吸収を助ける
キャベツのビタミンU、さらに皮で炭水化物もチャージできるエネルギーを生み出すパーフェクトフード。

材料 (2人分)
- キャベツ … 1/6個
- にら … 1/3束
- 豚ひき肉 … 100g
- 餃子の皮 (大判) … 20枚
- A
  - しょうゆ … 大さじ1
  - 酒 … 大さじ1
  - ごま油 … 大さじ1
  - にんにくすりおろし … 小さじ1/2
  - しょうがすりおろし … 小さじ1/2
  - オイスターソース … 小さじ1/2
  - 砂糖 … ひとつまみ
  - こしょう … 少々
- 片栗粉 … 大さじ2
- ごま油 … 適量
- B
  - 小麦粉 … 大さじ1
  - 水 … 200ml

作り方

1. キャベツはみじん切りにし、ボウルに塩少々（分量外）とともに入れ軽くもみ、15分ほどおく。水分が出てきたら、両手で絞って水けをきっておく。にらはみじん切りにする。

2. ボウルに豚ひき肉を入れ、Aの調味料をすべて入れ、粘りが出るまで練り混ぜる。そこに1のキャベツとにらを入れ、さらに練り混ぜる。全体が混ざったら片栗粉を入れ、さらに混ぜる。

3. 2の肉だねを餃子の皮で包む。

4. フライパンにごま油を熱し、3の餃子を並べ、混ぜ合わせたBを注ぎ入れる。ふたをして水分がほとんどなくなるまで蒸し焼きにする。

5. 水分がなくなってきたら、ふたを取り、ごま油を回しかけ、火を弱めてさらに3〜4分ほど焼く。

エネルギーを生み出す

010

豆乳豆腐

電子レンジで簡単に作れちゃう"豆乳豆腐"は、つるんとした食感の豆腐とまろやかな豆乳がベストマッチ。
驚くほどやさしい味わいで、胃腸が温まります。秋冬の季節にもオススメの一品です。

材料 (2人分)
絹ごし豆腐…1丁
調整豆乳…400㎖
柚子こしょう…少々

作り方
1 絹ごし豆腐は食べやすい大きさに切って、深さのある耐熱皿に入れる。
2 1にひたひたになるように豆乳を注ぎ、ラップをふんわりとかけて、電子レンジで7～8分ほど加熱する。
3 お好みで柚子こしょうを添える。

疲れを回復
001

手羽元のさっぱり煮

疲れた体にはお酢ベースのたれでさっぱり食べやすく。お酢に含まれる酢酸は
疲労回復を助けてくれます。シャキシャキのれんこん、味がしみた煮卵も絶品です。

材料 (2人分)
鶏手羽元…8本
れんこん…100g
卵…2個
A[
　水…100ml
　しょうゆ…100ml
　酢…100ml
　砂糖…大さじ2
　にんにく…1かけ
　しょうが…½かけ
]
長ねぎ（白い部分）…適量

作り方
1 フライパンに手羽元とAの調味料を入れて火にかけ、ふたをして20分ほど煮込む。
2 れんこんは皮をむいて乱切りにし、水にさらす。卵はお好みの固さにゆでておく。
3 1のフライパンのふたを開け、手羽元を上下ひっくり返す。そこに2のれんこんと殻をむいたゆで卵を入れ、落としぶたをして5分ほど煮る。
4 水分がほとんどなくなったら、落としぶたを外して、全体を煮からめる。
5 器に盛り、白髪ねぎにした長ねぎをのせる。

疲れを回復

002

スモークサーモンとアボカド、トマトのマリネ

アスタキサンチンを含むサーモン、ビタミンEを含むアボカド、
リコピンを含むトマトは抗酸化作用が高く、疲労回復やアンチエイジングに効果的!

材料(2人分)
アボカド…1個
レモン汁…少々
スモークサーモン(薄切り)…100g
トマト…1個
A
- しょうゆ…大さじ4
- オリーブ油…大さじ2
- レモン汁…大さじ2
- 粒マスタード…小さじ1強
- 塩…少々

ディル…少々

作り方
1 アボカドは縦2つに切り、種を取り、スプーンで身をくりぬく。3〜4cmの大きさに切ったら、乱切りにしてすぐにレモン汁をふりかけておく。
2 トマトは3〜4cmのざく切り、スモークサーモンは3等分に切る。
3 ボウルにAの調味料をすべて入れ、よくかき混ぜ、乳化させる。
4 3のボウルに、1のアボカドと2のトマトとスモークサーモンを入れ、全体に味がなじむように和える。
5 器に盛り、ディルを飾る。

疲れを回復
003

鶏むね肉のバンバンジー

疲労回復に効果的なイミダペプチドが多く含まれる鶏むね肉は、ゆで鶏にするとしっとりいただけます。
淡白な鶏むね肉とコクのあるごまだれのコンビネーションに食欲が刺激されます！

材料（2人分）
- 鶏むね肉…120g
- 酒…大さじ1
- しょうが…1かけ
- だし汁…300mℓ
- きゅうり…1本
- トマト…½個

【ごまだれ】
- A
  - いりごま（白）…大さじ2
  - しょうゆ…小さじ1
  - 味噌…小さじ1
  - 砂糖…小さじ1
  - みりん…大さじ1
  - にんにくすりおろし…小さじ1
  - しょうがすりおろし…小さじ1
  - ごま油…小さじ1
  - 豆板醤…少々

作り方

1. 鶏肉は皮や脂肪部分を包丁で取り除く。しょうがは皮つきのままで薄い輪切りにする。

2. 鍋にだし汁を入れ、沸騰したら1の鶏むね肉としょうが、酒を入れて、中火で20分ほどゆでる。ゆで上がったらゆで汁につけたまま、冷ましておく。粗熱が取れたら、繊維に沿って鶏肉を手で裂き、ゆで汁につけておく。

3. きゅうりはせん切りに、トマトはヘタを取り、半分に切ってから薄切りにする。

4. ごまだれを作る。ボウルにAの材料をすべて入れ、よく混ぜ合わせる。

5. 器の中央に3のきゅうりを盛り、まわりを囲むようにトマトを並べ、2の鶏肉をのせる。上から4のごまだれをたっぷりかける。

疲れを回復

004

豚キムチ

疲労回復に効果を発揮するビタミンB₁を含む豚肉と、乳酸菌を多く含む発酵食品であるキムチ。
栄養的にも優れたこの2つの食材を、ごはんの進む甘辛い味付けの炒め物に。

材料(2人分)
豚もも薄切り肉…200g
キムチ…180g
にんじん…¼本
玉ねぎ…½個
にら…⅓束
えのきだけ…⅓袋
ごま油…大さじ1
A [オイスターソース…大さじ1
    酒…大さじ1]
塩・こしょう…各少々

作り方

1 豚肉は食べやすい大きさに切る。にんじんは短冊切り、玉ねぎは薄切り、にらは3～4cm幅のざく切り、えのきだけは根元を切り落とし、小さく分ける。

2 フライパンにごま油を熱し、**1**の豚肉を入れ炒める。色が変わったら、にんじん、玉ねぎ、えのきだけ、にらの順に加えて炒める。

3 野菜に油が回ってしんなりしたらキムチを加え、全体を炒め合わせる。

4 Aの調味料を回し入れ、塩・こしょうで味を調える。

疲れを回復
005

豚ヒレ肉とれんこんの黒酢炒め

豚肉の中でも脂肪分の少ないヒレ肉を使って、さっぱりと黒酢で中華風に仕上げます。
パプリカやピーマンなども加わり、彩りも鮮やか＆黒酢の香りが食欲を増進させる"鉄板おかず"です。

材料（2人分）
豚ヒレ肉…200g
A しょうゆ…小さじ1
  酒…小さじ1
れんこん…100g
ピーマン…½個
パプリカ（赤）…½個
片栗粉…適量
ごま油…大さじ2
B オイスターソース…小さじ2
  砂糖…大さじ1
  しょうゆ…小さじ1½
  酒…小さじ1
  みりん…小さじ1
黒酢…小さじ2

作り方

1 豚肉は1cmほどの厚さに切り、Aの調味料をもみ込み、片栗粉をまぶす。ピーマンとパプリカはヘタと種を取り、細切りにする。れんこんは皮をむき、3mm幅の輪切りにして、水にさらす。

2 フライパンにごま油をひき、1の豚肉を入れ、両面ともにこんがりと焼き、一度、皿に取り出す。そこにれんこんを入れ、揚げ焼きにして皿に取り出す。

3 フライパンの油をふき、そこに2の豚肉とれんこん、ピーマンとパプリカ、混ぜ合わせたBの調味料を入れ、ふたをして弱火で蒸し煮にする。

4 ひと煮立ちしたらふたを取り、黒酢を加え、中火にして全体を軽く混ぜ合わせる。

疲れを回復
006

かぶのとろとろ煮 そぼろあんかけ

消化酵素のアミラーゼやビタミンCを含むかぶを、とろけるような食感になるまで煮込みます。
鶏ひき肉の旨みがかぶにしみ込み、ほっこりした味わい。

材料（2人分）
かぶ…1〜2個（150g）
鶏ひき肉…70g
えのきだけ…1袋弱
A[だし汁…1カップ
　 しょうゆ…大さじ2
　 みりん…大さじ1
　 砂糖…小さじ1]
片栗粉…適量

作り方

1 かぶは皮をむき、ひと口大に切る。えのきだけは根元を切り落とし、1cm幅に切る。

2 鍋に鶏ひき肉と1のえのきだけを入れ、混ぜ合わせたAの調味料を加え中火にかけ、鶏ひき肉をほぐすように木べらで混ぜる。

3 2に1のかぶを加えて沸騰させ、落としぶたをして中火で8分ほど煮る。途中、アクを取りながら煮汁を全体にからませる。

4 片栗粉を水（分量外）で溶いたものを入れ、全体を混ぜ、火を止める。器に盛る。

疲れを回復
007

豚肉とたっぷり野菜の和風煮

ビタミンB₁を含む豚肉＆白髪ねぎのアリシンで、疲労回復に効果的。和風のだし汁でコトコト煮込み、あっさりと食べやすく仕上げました。白菜やしめじ、にんじんなどの野菜もたっぷり加えて、栄養もばっちり！

材料（2人分）
豚もも薄切り肉…100g
片栗粉…適量
白菜（葉）…2～3枚
にんじん…⅓本
しめじ…½パック
A ┌ だし汁…300ml
　├ だししょうゆ…大さじ2
　└ 酒…大さじ3
塩…少々
ごま油…小さじ1
長ねぎ（白い部分）…適量
柚子こしょう…少々

作り方

1 白菜は5cm幅のざく切り、にんじんは半月切り、しめじは根元を切り落とし、ほぐしておく。豚肉は片栗粉を軽くまぶす。

2 鍋にAの材料を入れ、ひと煮立ちしたら、1の豚肉をサッとくぐらせ、ピンク色になったら皿に取り出す。

3 2の鍋ににんじん、白菜の軸、しめじ、白菜の葉の順に入れ、ひと煮立ちさせる。

4 ふたをして弱火で5～6分ほど煮たら、2の豚肉を加える。全体を軽く混ぜ合わせ、塩で味を調えてから、ごま油を回し入れ、火を止める。

5 器に盛り、白髪ねぎにした長ねぎをたっぷりのせ、お好みで柚子こしょうを添える。

疲れを回復

008

丸ごと玉ねぎのスープ

玉ねぎを丸ごと使った、見た目にも楽しい"食べるスープ"。
たっぷりと詰め込んだ豚肉でビタミンB_1を補給して、ボリュームもアップ。

材料(2人分)
玉ねぎ…2個
豚ひき肉…75g
A [しょうゆ…小さじ1
   酒…小さじ1/3
   塩・黒こしょう…各少々]
水…300mℓ
コンソメスープの素(固形)…1個
片栗粉…適量
塩・黒こしょう…各少々
パセリまたは水菜(葉)…少々

作り方

1 玉ねぎの皮をむいて上の部分を切り落とし、小さめのスプーンで中身をくりぬき、くりぬいた内側に片栗粉をまぶす。くりぬいた中身はみじん切りにして、水分を絞る。

2 ボウルに豚ひき肉とみじん切りにした玉ねぎとAの調味料を入れ、粘りが出るまで混ぜる。

3 1の玉ねぎに2の肉だねを詰め、玉ねぎの根の部分を切り落とす。

4 鍋に3の玉ねぎを入れ、水(玉ねぎがかぶる程度)とコンソメスープの素を入れ、ふたをして強火でひと煮立ちさせる。沸騰したらアクを取り、弱火にしてやわらかくなるまで10分ほど煮込む。

5 器に盛り、お好みで塩・黒こしょうをかけ、パセリまたは水菜の葉先をのせる。

体を作る
001

ポークチャップ

エネルギー代謝をサポートするビタミンB群やマグネシウムを含む豚肉を使って、
ボリュームたっぷり＆レストラン顔負けのポークチャップを。味の決め手は、隠し味にはちみつを使ったソース。

材料（2人分）
豚ロース肉…2枚（240g）
塩・こしょう…各少々
オリーブ油…小さじ1
キャベツ（葉）…2～3枚
プチトマト…2個
【ソース】
A ┌ ウスターソース…大さじ2
　├ トマトケチャップ…大さじ2
　├ はちみつ…大さじ2
　├ 酒…大さじ1
　├ しょうゆ…大さじ1
　├ にんにくすりおろし…小さじ1
　└ 塩・こしょう…各少々

作り方
1　豚肉は脂身の部分を削ぎ落とし、筋を切って包丁の背でたたき、塩・こしょうをする。ソースの材料は混ぜ合わせておく。

2　キャベツはせん切りにして、水にさらしておく。

3　フライパンにオリーブ油を熱し、1の豚肉を入れ、中火で焼く。焼き色がついたら裏返し、反対側も色よく焼き、弱火にして、混ぜ合わせたAの材料を入れ、ふたをしてひと煮立ちしたら火を止める。

4　器に2のキャベツを盛り、3の豚肉を並べ、ソースをかける。お好みでプチトマトを添える。

体を作る

002

豚にら炒め

ビタミンB₁を含む豚肉&アリシンを含むにらのゴールデンコンビの炒め物。オイスターソースのコクのある味わいに、ごはんが進みます。にらやもやしは炒めすぎないで、シャキッとした食感を残すと美味しいです。

材料（2人分）
豚もも薄切り肉…200g
塩…少々
酒…大さじ1
にら…½束
にんじん…¼本
もやし…1袋
ごま油…大さじ2
A ┌ オイスターソース…大さじ2
　├ 酒…大さじ1½
　├ しょうゆ…小さじ2
　└ 砂糖…小さじ1

作り方
1 豚肉は食べやすい大きさに切り、塩と酒で下味をつけ、軽くもみ込む。

2 にらは4〜5cm幅のざく切り、にんじんは短冊切りにする。もやしはひげ根を取る。

3 フライパンにごま油大さじ1を熱し、1の豚肉を入れ、色が変わるぐらいまで炒める。

4 3ににんじんを加えて炒め、にんじんに火が通ったら、にらともやしを加え強火でサッと炒め、混ぜ合わせたAの調味料を回しかける。仕上げに残りのごま油大さじ1を加えて香りを立たせる。

体を作る
003

鮭とエリンギの照りマヨ炒め

抗酸化作用の高いアスタキサンチンを豊富に含む鮭は、アンチエイジングに効果があると言われています。
油の代わりにマヨネーズを使うとコクがアップして、美味しいアレンジ照り焼きに。

材料(2人分)
- 生鮭(切り身)…2切れ
- 塩…少々
- 小麦粉…少々
- エリンギ…3本
- マヨネーズ…大さじ2
- A
  - 酒…大さじ2
  - しょうゆ…大さじ2
  - みりん…大さじ2
  - 砂糖…大さじ1
  - 和風だしの素…小さじ½
- 青ねぎ…適量
- いりごま(白)…適量

作り方

1. 鮭はキッチンペーパーで水けをふいたら半分に切り、皮に切り目を入れ、塩をふり、軽く小麦粉をまぶす。エリンギは縦に薄切りにする。青ねぎはななめ薄切りにする。
2. フライパンを熱し、マヨネーズを入れ、1の鮭を皮のほうを下にして入れ、ふたをして弱火で焼く。焼き色がついたら裏返し、反対側も色よく焼く。
3. 鮭をフライパンの脇に寄せ、エリンギを入れ、混ぜ合わせたAの調味料を回し入れる。たれが全体にからむように炒め合わせる。
4. 器に鮭とエリンギを盛り、1の青ねぎをちらし、いりごまを振る。

体を作る
004

アサリと青梗菜の炒め物

鉄分たっぷりのアサリをメインに。カロテン豊富な青梗菜は油と摂ると、吸収率がアップ。
食欲をそそるにんにくの香り&ピリ辛の中華風の味付けに、ごはんが進みます。少ない食材で豪華な一品に！

材料(2人分)
アサリ(殻つき)…200g
青梗菜…1束
にんにく…1かけ
鷹の爪…1/2本
酒…大さじ2
塩・こしょう…各少々
ごま油…少々

作り方
1 アサリは塩水に入れて2〜3時間おき、砂抜きしておく。青梗菜は軸の部分と葉先を分けて、食べやすい大きさに切る。にんにくはみじん切り、鷹の爪は種を除き、輪切りにする。

2 フライパンにごま油を熱し、1のにんにくと鷹の爪を入れ香りを出し、1のアサリを入れる。酒を回しかけたらふたをして、アサリの口が開いたらふたを取り、一度アサリを取り出しておく。

3 2のフライパンに青梗菜の軸、葉の順に入れ、ふたをする。

4 野菜がしんなりしたら2のアサリを戻し、塩・こしょうで味を調え、お好みでごま油を回しかける。

体を作る

005

海老しんじょうの れんこんはさみ焼き

ビタミンCを多く含むれんこんの、サクサクしゃきしゃきの食感が楽しめる一品です。
間にはさむのはプリッとして風味が活きた海老しんじょう。冷めても美味しいので、お弁当にもオススメです。

材料 (2人分)
無頭海老 (むき海老でも可) … 100g
れんこん … 120g
長ねぎ … 1/3本
A
- だししょうゆ … 小さじ2
- 酒 … 小さじ1
- ごま油 … 小さじ1/2
- かつお節 … ひとつまみ
- しょうがすりおろし … 少々
- 塩・こしょう … 各少々

片栗粉 … 適量
オリーブ油 … 適量
塩・ポン酢 … 各適量

作り方

1 れんこんは皮をむき、5mm幅の輪切りにして、酢水 (分量外) にさらす。長ねぎはみじん切りにする。

2 海老の殻をむき、背ワタを取る。包丁で細かくたたき、ボウルに入れて、1の長ねぎ、Aの調味料を加え、粘りが出るまでよく混ぜ合わせる。

3 1のれんこんをキッチンペーパーで水けをふき取り、片栗粉を薄くまぶす。2の海老しんじょうのたねをれんこんではさみ、軽く押さえる。

4 フライパンにオリーブ油をひき、中火で3を焼く。焼き色がついたら裏返し、両面が色よく焼けたら、ふたをして弱火にし、3分ほど蒸し焼きにする。

5 器に盛り、お好みで塩やポン酢を添える。

体を作る
006

サバの甘辛煮付け

サバには良質の油であるオメガ3が含まれ、血流をよくし、代謝を助けてくれます。
甘辛い味噌だれがとろりとからまった、伝統の和のおかずです。

材料 (2人分)
サバ (三枚おろし) … 半身
塩 … 少々
しょうが … ½かけ
A[
　酒 … 大さじ5
　砂糖 … 大さじ1½
　みりん … 大さじ1½
　赤だし味噌 … 大さじ1
　しょうゆ … 小さじ1
　水 … 大さじ1½
]

作り方

1. サバは洗って塩をふり、10分ほどおく。キッチンペーパーで水気をふき、2等分にしてから、皮側に十文字の切り目を入れ、ざるにのせて熱湯をかける。
2. しょうがは皮つきのままで薄い輪切りにする。
3. 鍋に2のしょうがとAの材料をすべて入れ、ひと煮立ちさせる。1のサバを身を下にして入れ、落としぶたをして、ときどきサバに煮汁をかけながら、汁けがなくなるまで10〜15分ほど煮る。
4. 器に盛り、煮汁をかける。

体を作る

007

屋台風イカ焼き

イカは低脂肪、高たんぱく質食材。しょうゆの焦げた美味しそうな香りに、食欲が刺激されます。
おかずにはもちろん、お酒のお供としてもぴったりです。

材料(2人分)
スルメイカ…1ぱい
酒…大さじ2
オリーブ油…小さじ1
A [酒…大さじ2
　 しょうゆ…大さじ2
　 砂糖…大さじ½
　 みりん…大さじ1
　 しょうがすりおろし…小さじ½]
七味唐辛子…少々

作り方

1　イカは流水で洗い、ワタごと足を引き抜き、胴は軟骨を除いて、包丁で両面に1cm幅の切り目を入れる。足はワタと目を切り落とす。胴と足をもう一度洗い、水けをふいてバットに入れ、酒をふりかけておく。

2　フライパンにAの調味料をすべて入れ、ひと煮立ちさせて、器に移しておく。

3　2のフライパンを軽くふき、オリーブ油を熱し、1のイカを入れ、両面を色よく焼く。焼き色がついたら、酒少々(分量外)を加え、ふたをして1分ほど蒸し焼きにする。

4　3に2の調味料を加え、ときどきイカにたれをかけながら、煮汁が少なくなるまで中火で煮詰め、七味唐辛子をかける。

ピーマンと塩昆布の和え物

体を作る 008

たんぱく質や脂質の代謝を促す働きを持つ
ミネラルを含む塩昆布。パパッと手軽に和え物で。

材料（2人分）
ピーマン…2個
塩昆布（細切り）…大さじ1
すりごま（白）…適量
だししょうゆ…少々

作り方
1 ピーマンはヘタと種を取り、縦に半分に切って、細切りにする。
2 鍋に湯を沸かし、1のピーマンをサッと湯通しする。
3 ボウルに2のピーマンと塩昆布を入れ、和える。そのまま30分〜1時間ほどおくと、しんなりとして味がなじむ。
4 器に盛り、すりごまをかけ、お好みでだししょうゆをかける。

はんぺんの味噌マヨ焼き

体を作る 009

ふわふわのはんぺんは低脂肪食材。
味噌マヨだれをはさんで、コクをプラス。

材料（2人分）
はんぺん…1枚
A
- 味噌…大さじ1
- マヨネーズ…大さじ1
- 砂糖…小さじ½
- 酒・みりん…各小さじ1
- にんにくすりおろし…小さじ1
- いりごま（白）…小さじ2

作り方
1 はんぺんを4等分にし、厚みの半分のところに切り込みを入れる。
2 ボウルにAの材料を混ぜ合わせ、1のはんぺんの切り込みを入れたところにぬる。
3 フライパンで2のはんぺんを弱火で両面に焼き色がつくまで焼く。

ワンプレート
001

三色丼

2014年、夫が登板前に必ずルーティーンで食べていたのがこの三食丼。脂質の少ない豚もも肉をひき肉にすることで、すぐにエネルギーになるのがポイント！卵のふわふわ感、小松菜のシャキシャキ感を意識すると美味しく仕上がります。

材料(2人分)
【豚そぼろ】
豚もも肉…200g
A[砂糖…大さじ3
　 濃口しょうゆ…大さじ3
　 みりん…大さじ1
　 酒…大さじ1
　 しょうがすりおろし…少々]
【炒り卵】
卵…2個
B[砂糖…大さじ1
　 みりん…大さじ1
　 塩…少々]
小松菜…½束
玄米ごはん…茶碗2杯強

作り方

1 豚肉をフードプロセッサーにかけ、ひき肉にする(代わりに豚の赤身肉を使用しても可)。

2 豚そぼろを作る。フライパンに1のひき肉とAの調味料をすべて入れ、箸で素早く混ぜながら火にかける。汁けがなくなり、細かいそぼろ状になるまで混ぜる。

3 炒り卵を作る。ボウルに卵を割り入れ、Bの調味料を入れかき混ぜる。弱火にしたフライパンに卵液を流し入れ、箸で素早く細かくなるまで混ぜる。

4 鍋に湯を沸かし、塩少々(分量外)を入れ、小松菜をサッとゆでる。水けを軽く絞り、1～1.5cm幅に細かく刻む。

5 茶碗に温かい玄米ごはんを盛り、2の豚そぼろ、3の炒り卵、4の小松菜をバランスよく盛りつける。

ワンプレート
002

イワシのかば焼き丼

栄養価の高いイワシを甘辛い味付けのかば焼きに。しっかりした味付けなのでイワシの青臭さがなく、パリッと香ばしいため、「あれ？ これってうなぎかな？」と、思わず勘違いしちゃいますよ！ そぼろ卵で栄養と彩りをプラス。

材料（2人分）
- イワシ…4尾
- 塩・酒…各少々
- 片栗粉…少々
- 卵…2個
- オリーブ油…適量
- A
  - しょうゆ…大さじ2
  - みりん…大さじ2
  - 酒・砂糖…各大さじ1
  - しょうがすりおろし…小さじ2
- 大葉…3〜4枚
- 玄米ごはん…茶碗2杯強

作り方

1. イワシはよく洗ってウロコを取り、手開きにする。腹骨をすきながら背びれを取り、二枚に分け、塩と酒を軽くふり、10分ほどおいてから、キッチンペーパーで水けをふき取る。大葉はせん切りにする。

2. 炒り卵を作る。フライパンにオリーブ油を熱し、割りほぐした卵を入れ、弱火にして箸で素早くかき混ぜる。

3. 1のイワシに片栗粉を軽くまぶす。フライパンにオリーブ油を熱し、イワシを入れ、中火で両面をカリッと色よく焼く。

4. フライパンの余分な油をキッチンペーパーでふき取り、混ぜ合わせたAの調味料を入れ、3のイワシに煮からめる。

5. 器に玄米ごはんを盛り、2の炒り卵をのせ、その上にひと口大に切った4のイワシをのせる。仕上げに1の大葉をのせる。

ワンプレート

003

ドライカレー

野菜たっぷりのドライカレーは、市販のカレールーを使って簡単に作ります。
前田家流の隠し味はオイスターソース！お好みで素揚げの野菜をトッピングしてもGOOD。

材料（2人分）
豚ひき肉…100g
玉ねぎ…½個
にんじん…½本
パプリカ（黄）…½個
ピーマン…½個
オリーブ油…適量
カレールー…2かけ（25g）
コンソメスープの素（固形）…1個
水…1カップ
A ┌ オイスターソース…小さじ1
　└ トマトケチャップ…小さじ1
卵黄…2個
白ごはん…茶碗2杯強

作り方

1 野菜はすべてみじん切りにする。

2 フライパンにオリーブ油を熱し、豚ひき肉を色が変わるまで中火で炒める。1の野菜を加え、中弱火で野菜がしんなりするまで炒める。

3 2のフライパンに水とコンソメスープの素を入れ、ひと煮立ちしたら火を止めて、カレールーを溶かし、かき混ぜながら弱火で煮込み、汁が少なくなってきたらAの調味料を加え、全体を混ぜ合わせる。

4 器にごはんを盛り、3のカレーをかけ、中央に卵黄をのせる。

ワンプレート
004

ツナとフレッシュトマト、ほうれん草のパスタ

トマトの赤、ほうれん草の緑、パスタの白で、イタリア国旗のように彩り鮮やかなパスタ。
にんにくの香りとツナの旨みを引き立てる隠し味として、粒マスタードを入れるのがポイントです。

材料(2人分)
- スパゲッティ…150g
- ツナ缶(ノンオイル)…1缶
- プチトマト…4～6個
- サラダほうれん草…¼束
- オリーブ油…大さじ1
- にんにく…1かけ
- 白ワイン…大さじ2
- A [コンソメスープの素(顆粒)…小さじ1
     粒マスタード…小さじ1]

作り方

1 ツナ缶は汁をきっておく。にんにくはみじん切りに、プチトマトはヘタを取り、2等分する。サラダほうれん草は食べやすい大きさにざく切りする。

2 たっぷりの湯を沸かした鍋に塩適量(分量外)を加え、スパゲッティを表示通りの時間でゆでる。

3 フライパンにオリーブ油と1のにんにくを入れ、香りが出るまで炒める。そこに1のツナとプチトマトを加え、サッと炒める。

4 3に白ワインを回しかけ、強火にしてアルコール分を飛ばす。そこにAの材料を入れ、全体を混ぜ合わせる。

5 4に2のスパゲッティとお玉半分のゆで汁、1のサラダほうれん草を加え、全体をサッと混ぜ合わせる。

ワンプレート

005

ふわとろ山芋焼き

体質的にグルテンが得意ではない私たち夫婦。大好きなお好み焼きも小麦粉を使わず、
代わりに山芋をたっぷり入れて仕上げます。関西出身の夫は、こちらをおかずにごはんも一緒に食べています。

材料（2人分）
豚ロース薄切り肉…150g
塩・こしょう…各少々
卵…4個
山芋…100g（6cm程度）
長ねぎ…1/3本
だし汁…100㎖
桜海老…大さじ1
オリーブ油…小さじ1
お好み焼き用ソース…適量
マヨネーズ…適量
かつお節…少々
青のり…少々

作り方
1 山芋は皮をむいて、すりおろしておく。長ねぎはみじん切りにする。
2 豚肉に塩・こしょうをして、フライパンで両面をしっかり焼き、キッチンペーパーをしいた皿に取り出しておく。
3 ボウルに卵を割りほぐし、だし汁と1の山芋と長ねぎ、桜海老を入れ、全体をよく混ぜる。
4 2のフライパンをキレイにして、オリーブ油をひき、3の生地を楕円形に広げる。生地の上に2の豚肉をのせ、ふたをして中火で2分ほどふっくらと焼く。焼き色がついたら裏返し、ふたをしないで反対側も色よく焼く。
5 器に盛り、ソースとマヨネーズをかけ、お好みでかつお節や青のりをちらす。

ワンプレート
006

二色混ぜごはんむすび

エネルギーになり、腹持ちもするおむすび。ひじきや枝豆、桜海老などの
栄養価の高い食材をごはんに混ぜて効率よく栄養補給を。カラフルな見た目で食欲もアップ!

材料 (2人分)
● 黒むすび (ひじき梅おかか)
玄米ごはん … 茶碗1杯
芽ひじき … 大さじ2
梅干し … 1個
かつお節 … 大さじ1
いりごま (白) … 小さじ1
A ┌ だししょうゆ … 大さじ2
  └ ごま油 … 小さじ1

● 赤むすび (桜海老枝豆)
玄米ごはん … 茶碗1杯
桜海老 … 大さじ2
枝豆 … 15g (4〜5さや)
いりごま (白) … 小さじ1
だししょうゆ … 小さじ½

作り方
● 黒むすび
1 芽ひじきは水で洗ってから、水に浸して戻しておく。梅干しは種を取り、包丁でたたいておく。

2 鍋にAの材料を入れ、ひと煮立ちさせ、1のひじきを軽く絞って加えて炒める。汁けがなくなってきたら、かつお節といりごまを加えて、全体を混ぜ合わせ、ボウルに取り出す。

3 2のボウルに玄米ごはんと1の梅干しを加え、さっくりと混ぜ合わせ、おむすびを作る。

● 赤むすび
1 鍋に湯を沸かし、塩少々 (分量外) を入れ、枝豆をゆでる。ゆでたらさやから出す。

2 ボウルに玄米ごはんと1の枝豆、桜海老、いりごま、だししょうゆを加えてサックリと混ぜ、おむすびを作る。

Column.2

野菜嫌いの夫と歩んだ
苦手克服の道

夫と結婚する前、私は驚いたことがありました。それは冷蔵庫に常にケーキが入っていたこと。聞けば、「もっと体重を増やしたほうがいいって言われるから、毎日寝る前に食べているんだ」とのこと……。まだまだ22歳と若かったとはいえ、プロアスリート。食生活は人並み以上には気にしているものだと思っていました。

結婚してわかったのは、夫は緑黄色野菜がほとんどダメ、お魚も苦手、生ものもダメ……、と食べられない物ばかりだということでした。少しでも知識があれば夫の役に立てるかもしれないと思って資格講座に挑戦し、学んだ知識をもとに実際にメニューを作るようになると、せっかくなので偏食も直ったらいいな、と思い始め、少しずつ工夫をしてみることにしました。

まず、料理の中に野菜を入れる時はシャキシャキやホクホクといった食感を大事にしました。その上で、クセのあるものは食べやすく味付けしたり、盛り付けや彩りも工夫しました。『○○選手もこの食材を取り入れているみたい』と話しかけてみたり、食事に含まれる栄養の効果を説明してみたりしていると、次第に少しずつ食べられる食材の数が増えていきました。それでも、すごく苦手だったトマトや小松菜は食べるのに苦労していました。そこで、トマトは「試合に負けた日は食べる」という罰ゲーム的ルール（笑）を作ったりもしました。

今ではトマトもなんとか食べられるようになり、小松菜に至っては美味しいと感じてくれるまでになりました！ 野菜も食べ、きちんとした食生活を送るようになって、夫もその効果を自分の体で感じ始めたようで、「疲れが取れやすい。肌がきれいになる」と、食事の大切さを理解してくれています。今や、遠征先のホテルのバイキングで、あんなに嫌いだった野菜を自ら皿に盛っているようです。

やはり、身体は食事からできているのだと強く思いました。これからも、一回一回の食事を大事にしていきたいと思っています。

The Maeda's menu
PART 3

かんたん・栄養小鉢

一汁三菜の品数を無理なく揃えるコツは、小鉢メニューなどをうまく取り入れて、栄養だけでなく調理の手間もバランスを取ること。しっかり栄養の摂れるオススメの5種類の食材別に、ササッとできちゃうアレンジレシピをご紹介します。前田家でも、栄養補充の最後の一皿に迷った時に大活躍する小鉢です。

小松菜

カルシウムや鉄、ビタミン、ミネラル分が豊富な小松菜。ほうれん草のようなアクがないため、下ゆでの必要がなく便利な野菜。ゆで時間を短くすると栄養価がキープされ、シャキシャキの食感が楽しめます。

小松菜と桜海老のお浸し

桜海老の香ばしい香りと味わいが、定番の小松菜のお浸しをガラリと変化させるアクセントに。

材料(2人分)
小松菜…1/3束
桜海老…大さじ2
A [だし汁…大さじ3
    だししょうゆ…大さじ1]

作り方
1 鍋に湯を沸かし、小松菜をさっとゆで、水けをしぼり、5cm幅に切る(電子レンジで加熱しても可)。
2 ボウルに1の小松菜、桜海老、混ぜ合わせたAの調味料を入れ、和える。

小松菜のごま和え

ごまの風味が豊かに香る定番の"ごま和え"。ほんのり甘辛くほっとする味わいです。

材料(2人分)
小松菜…2/3束
A [しょうゆ…大さじ1
    砂糖…小さじ1
    みりん…小さじ1/2
    すりごま(白)…大さじ1 1/2]

作り方
1 鍋に湯を沸かし、小松菜をさっとゆで、水けをしぼり、5cm幅に切る(電子レンジで加熱しても可)。
2 ボウルに1の小松菜と混ぜ合わせたAの調味料を入れ、和える。

小松菜とまいたけの煮浸し

煮浸しの美味しさのポイントは、火を止めて
そのまま冷まし、しっかり味を含ませること。

材料(2人分)
小松菜…⅓束
まいたけ…⅓パック
A ┃ だし汁…50㎖
　 ┃ だししょうゆ…大さじ1½
　 ┃ 塩…少々

作り方
1 小松菜は5cm幅にざく切りし、まいたけは食べやすい大きさにほぐす。
2 鍋に1の野菜とAの調味料を入れ、ひと煮立ちさせる。小松菜がキレイな緑色のうちに火を止め、余熱で味を含ませる。

小松菜ともやしのナムル

ごま油の香りが食欲をそそる韓国風のナムル。
もやしも小松菜もシャキッと感を残すのがポイント。

材料(2人分)
小松菜…⅓束
もやし…¼袋
A ┃ ごま油…小さじ1
　 ┃ だししょうゆ…小さじ2
　 ┃ にんにくすりおろし…少々
　 ┃ すりごま(白)…少々

作り方
1 小松菜は5cm幅にざく切りし、茎と葉に分けておく。もやしはひげ根を取る。
2 鍋に湯を沸かし、小松菜の茎、葉、もやしの順に入れ2～3分ほどゆでる。
3 ザルにあげ、冷水で洗い、水けをしぼる。
4 ボウルに3の野菜と混ぜ合わせたAの調味料を入れ、和える。

ブロッコリー

代謝を促進させるのに重要なビタミンCをたっぷり含んでいるブロッコリー。ミネラルや葉酸も含み、栄養満点。チーズや卵など動物性食品と相性がよく、相乗効果が生まれるオススメの組み合わせです。

ブロッコリーのじゃこチーズ焼き

とろ〜りチーズとカリカリじゃこが
ブロッコリーにからんで、ついつい箸が止まらなくなる味。

材料（2人分）
ブロッコリー…2/3株
じゃこ…20g
ピザ用チーズ…20g
黒こしょう…少々

作り方
1 鍋に湯を沸かし、小房に分けたブロッコリーを固めにゆでる（電子レンジで加熱しても可）。
2 耐熱皿に1のブロッコリーを並べ、その上にピザ用チーズ、じゃこの順にのせて、黒こしょうをふり、オーブントースターで10分ほど焼く。

ブロッコリーの塩昆布和え

ゆでたブロッコリーと塩昆布を和えただけ。
なのに、塩昆布の旨みが出て、とっても美味しいんです。

材料（2人分）
ブロッコリー…2/3株
塩昆布（細切り）…大さじ1
だししょうゆ…少々

作り方
1 鍋に湯を沸かし、小房に分けたブロッコリーを固めにゆでる（電子レンジで加熱しても可）。
2 ボウルに1のブロッコリーと塩昆布を入れ、和える。そのまま30分〜1時間ほどおくと、しんなりとして味がなじむ。
3 器に盛り、お好みでだししょうゆをかける。

ブロッコリーと卵のサラダ

あっさり味のブロッコリーに、卵のコクをプラス。
卵は半熟にゆでると、とろ〜りとからんで絶品です。

材料(2人分)
ブロッコリー…2/3株
卵…2個

A
- マヨネーズ…大さじ4
- しょうゆ…小さじ1
- レモン汁…小さじ1
- 塩・こしょう…各少々

作り方

1 鍋に湯を沸かし、小房に分けたブロッコリーを固めにゆでる(電子レンジで加熱しても可)。

2 卵は好みの固さにゆで、冷水に取り、殻をむいて8等分に切る。

3 ボウルに1のブロッコリー、2の卵、Aの調味料をすべて入れ、大きなスプーン等でざっくり混ぜ合わせ、塩・こしょうで味を調える。

ブロッコリーのペペロンチーノ

シンプルだからこそ美味しい!
にんにく&鷹の爪&オリーブ油のゴールデントリオ。

材料(2人分)
ブロッコリー…2/3株
にんにく…1かけ
鷹の爪…1/2本
オリーブ油…大さじ2
塩…少々

作り方

1 鍋に湯を沸かし、小房に分けたブロッコリーを固めにゆでる(電子レンジで加熱しても可)。

2 にんにくは薄い輪切りにし、鷹の爪は種を取り、輪切りにする。

3 オリーブ油を熱したフライパンに2のにんにくを入れ、弱火で香りを出し、鷹の爪を入れる。

4 にんにくがほんのりきつね色に色づいたら火を止めて、1のブロッコリーを入れ、全体を混ぜ、塩で味を調える。

豆腐

大豆からできている豆腐は、良質の植物性たんぱく質を多く含んでおり、毎日の食卓に取り入れたい食材。冷奴の上にのせる薬味をひと工夫するだけで、味も見た目もバリエーション豊かになります。

豆腐のキムチのせ

お豆腐にキムチをのせるだけで、
"和"のイメージの冷奴が韓国風の味わいに変身。

材料(2人分)
豆腐…½丁
キムチ…60g
ごま油…適量
いりごま(白)…適量

作り方
1 豆腐は食べやすい大きさに切る。
2 ボウルにキムチを入れ、ごま油を加え、和える。
3 器に1の豆腐を盛り、2をのせ、いりごまをちらす。

肉味噌やっこ

そのままごはんにのせて食べても美味しい肉味噌。
淡白な豆腐の味わいに、甘辛い肉味噌がベストマッチです。

材料(2人分)
豆腐…½丁
豚ひき肉…100g
しいたけ…2枚
にんじん…⅙本
長ねぎ…⅙本

A
　味噌…大さじ1
　砂糖…大さじ½
　しょうゆ…大さじ½
　みりん…大さじ1
　にんにくすりおろし…小さじ½

ごま油…少々

作り方
1 しいたけ、にんじん、長ねぎはみじん切りにする。豆腐は食べやすい大きさに切る。
2 フライパンにごま油を熱し、豚ひき肉、にんじん、しいたけ、長ねぎの順に入れ、炒める。
3 野菜がしんなりしてきたら、混ぜ合わせたAを一気に加えて煮からめる。
4 器に1の豆腐を盛り、3の肉味噌をかける。

カリカリじゃこのせ冷奴

大葉にみょうがに青ねぎ、香りのある薬味をたっぷりのせた冷奴。しょうゆでなく、ポン酢を使えば塩分もカット。

材料 (2人分)
豆腐…½丁　　　　　大葉…2枚
じゃこ…30g　　　　みょうが…½個
にんにく…1かけ　　青ねぎ…適量
オリーブ油…大さじ2　ポン酢…適量

作り方
1. 豆腐は食べやすい大きさに切る。
2. にんにくはみじん切りに、大葉とみょうがはせん切りに、青ねぎは小口切りにする。
3. フライパンにオリーブ油と2のにんにくを入れ、弱火にかける。にんにくから香りが出てきたら、じゃこを入れ、箸でゆっくりとかき回しながら、カリッとするまで炒める。
4. 器に1の豆腐を盛り、3を熱いままでかけ、2の大葉、みょうが、青ねぎを順にのせ、上からポン酢をかける。

あんかけ豆腐

秋冬にオススメの温かい豆腐の小鉢メニュー。野菜たっぷり、とろりとしたあんは口当たりなめらかです。

材料 (2人分)
豆腐…½丁　　　　　　　水…1カップ
しめじ…⅓袋　　　　A 酒…大さじ1
えのきだけ…⅓袋　　　　だししょうゆ…大さじ2
にんじん…⅙本　　　水溶き片栗粉…少々
バター…小さじ1　　青ねぎ…適量
レモン汁…少々　　　七味唐辛子…適量

作り方
1. 豆腐は食べやすい大きさに切り、塩少々(分量外)と水を入れた鍋で温めておく。しめじ、えのきだけは食べやすくほぐす。にんじんはいちょう切りにする。
2. 鍋にAの調味料を入れ、煮立ったら1の野菜を加える。野菜がやわらかくなったら、バターとレモン汁を加え混ぜ合わせ、水溶き片栗粉を回し入れる。
3. 1の豆腐の水けをきって器に盛り、2のあんをかける。お好みで小口切りにした青ねぎをのせ、七味唐辛子をふる。

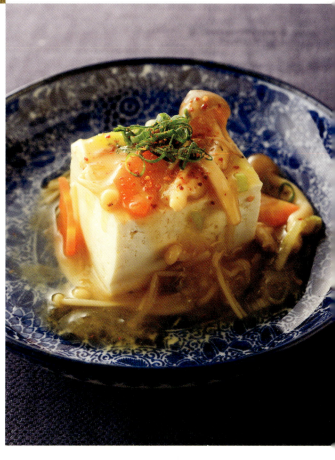

オクラ

ペクチンとムチンというネバネバ成分に、整腸作用や胃の粘膜を保護し消化、吸収を助ける効果があると言われています。ビタミンもたっぷり。輪切りにした時の星形もかわいく、料理に華やかさを添えてくれます。

オクラとイカの和え物

定番のイカの刺身に、ゆでたオクラを加えるだけ。
オクラの独特の粘りで味がしっかりからみます。

材料（2人分）
オクラ…4本
スルメイカ（刺身）…½ぱい
A ┌ わさび…少々
　└ しょうゆ…少々

作り方
1 オクラは塩ずり（分量外）してゆで、粗熱が取れたらガクのかたい部分を取り、輪切りにする。
2 スルメイカは細切りにする。
3 ボウルに1のオクラと2のイカを入れて、混ぜ合わせたAを加えて和える。

オクラとモズクの酢の物

モズク酢＆梅干しと、酸味が効いた素材をオクラに合わせた小鉢。疲れている時にオススメです。

材料（2人分）
オクラ…2〜3本
モズク酢（市販）…1個
しょうがすりおろし…小さじ½
梅干し…1個

作り方
1 オクラは塩ずり（分量外）してゆで、粗熱が取れたらガクのかたい部分を取り、輪切りにする。
2 梅干しは種を取り、包丁でたたいておく。
3 ボウルに1とモズク酢、しょうがを入れ混ぜ合わせ、器に盛り、2のたたき梅をちらす。

オクラ納豆

納豆＆オクラのダブルのネバネバは相性バツグン！
塩昆布を加えて旨みもばっちり。

材料（2人分）
オクラ…2〜3本
納豆…1パック
塩昆布…小さじ1
ごま油…少々

作り方
1 オクラは塩ずり（分量外）してゆで、粗熱が取れたらガクのかたい部分を取り、輪切りにする。
2 器に納豆と付属のたれを入れて混ぜ、1のオクラ、塩昆布、ごま油を加え、さらに混ぜる。

にんじん

カロテンの宝庫であるにんじん。ビタミンAが含まれ、肌荒れ防止にも効果的。油と一緒に摂取するとカロテンの吸収が促進されるので、オリーブ油などはもちろん、ツナやくるみ、卵とも好相性です。

にんじんしりしり

沖縄の郷土料理である"にんじんしりしり"。
旨みのあるツナ＆栄養価の高い卵を加えボリュームアップ。

材料(2人分)
- にんじん…1/2本
- ツナ缶…1/2缶
- めんつゆ(ストレート)…大さじ1
- 卵…1個
- オリーブ油…少々

作り方
1. フライパンにオリーブ油を熱し、炒り卵を作る。
2. せん切りにしたにんじんを炒め、しんなりしたらツナを加えさらに炒め、全体に油がなじんだら、1の炒り卵を戻す。
3. めんつゆを回しかけ、全体を混ぜ合わせる。

にんじんのタラコ炒め

タラコの旨みがにんじんにも広がり、バツグンの相性。
彩りもよいので、お弁当のおかずにも向いています。

材料(2人分)
- にんじん…1/2本
- タラコ…1/2腹
- 酒…大さじ1
- オリーブ油…大さじ1

作り方
1. にんじんは皮をむいて、せん切りにする。タラコはスプーンや包丁の背で、皮をのぞく。
2. フライパンにオリーブ油を熱し、1のにんじんを入れ、しんなりするまで炒める。
3. 1のタラコと酒を加え、パラパラにほぐれるまで炒める。

にんじんとレーズンのマリネ

フランスのにんじんサラダ"キャロットラペ"風にアレンジ。
レーズンの甘みが効いた、オシャレなサラダです。

材料(2人分)
- にんじん…1/2本
- レーズン…10g
- A [オリーブ油…大さじ1 / 粒マスタード…小さじ1/2 / はちみつ…小さじ1/2 / レモン汁…小さじ1/2]
- 塩…少々

作り方
1. にんじんは皮をむいて、せん切りにし、塩少々(分量外)でもんでおく。
2. ボウルに1のにんじん、レーズン、混ぜ合わせたAの調味料を入れ、全体を和え、塩で味を調える。

そのまま出すだけ！
栄養プラス食材

一汁三菜が基本とはいえ、忙しい時に品数をこれだけ作るのは大変……。
そんな時はゆでたり、切ったり、はたまたそのままでも立派な副菜になるお役立ち食材を紹介します。
栄養的にも優れているものばかりなので、前田家でもよく登場する食材です。

とうもろこし

炭水化物とたんぱく質が同時に摂取できる優れ物。葉酸と亜鉛が豊富に含まれ、免疫力向上、血流をよくしてくれます。ゆでるだけでもよし、実を削いでサラダにのせてもGOOD。

トマト

トマトに含まれるリコピンは、油分と一緒に摂ることで、体内への吸収率がアップ。夫がそのままのトマトは苦手なこともあり、我が家ではオリーブ油＆塩などをふりかけて出すことが多いです。

アボカド

ビタミンA・C・Eを含むアボカド。森のバターとも呼ばれるコクのある味わいは、シンプルにわさびしょうゆで頂いても美味しく、ひと手間かけて、オーブン焼きなどにしても！

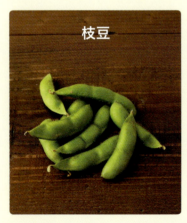

枝豆

炭水化物をエネルギーに変え、代謝を促すビタミンB₁に加え、カロテン、ビタミンC、葉酸とたくさんの栄養が豊富に含まれる枝豆。たんぱく源にもなるので、毎日食べたい食材です。

モズク

カルシウムや鉄分などのミネラルが多く、低カロリー。ミネラルを補う時、ぜひ献立に取り入れたい食材です。酸味の効いたモズク酢は疲労回復効果もあるので、試合後などによく摂り入れています。

シラス

カルシウムとたんぱく質を豊富に含んだシラス。我が家では、お手軽に大根おろしにのせて、簡単小鉢として登場することも多いです。お浸しなどにちょこっとのせたり、ごはんにのせても相性バツグンです。

仕上げにのせたい！
栄養プラス薬味

料理に添えることで味を引き立て、食欲を増進してくれる薬味。
彩りの美しさに一役買ってくれる効果があるだけでなく、のせるだけで栄養をプラスしてくれます。
香り、食感、酸味、コクなど、それぞれの特徴に合わせてセレクトすれば、味のバリエーションも広がります。

桜海老

カルシウムを補いたい時にオススメの薬味。牛乳をあまり飲まない夫のカルシウム源ともいえます。殻ごと使えて、だしとしても優秀。香ばしく、味に深みが出ます。抗酸化作用の高い食品です。

梅干し

梅干しの酸っぱさの元であるクエン酸は疲れを取るのに効果があります。夫があまり得意ではないので、我が家では同様に酸味のある酢の物と一緒に和えたりして、食べやすく工夫をしています。

ねぎ

前田家の薬味のダントツNo.1！ 冷蔵庫に必ずストックしてあります！ ねぎを切る時に生じるアリシンはエネルギー代謝に欠かせない栄養素。特に豚肉料理にはねぎは欠かせません。

大根おろし

大根おろしには酵素が含まれており、消化を助ける働きをしてくれるので、胃がちょっと疲れ気味という時にオススメ。ポン酢と合わせて焼き魚に添えたりするのもオススメです。

かつお節

日本のだしの素であるかつお節。良質のたんぱく質を含み、不足しがちなカルシウムも補うことができます。旨みもプラスできるので薬味としてかけるだけでなく、和えて使うことも多いです。

ごま

かけるだけで、風味と香ばしさがプラスされるごま。コレステロールを減らすと言われている不飽和脂肪酸を豊富に含み、栄養価もバッチリ！ 和え物のほか、ごまだれなどでもよく登場します。

ナッツ類

私も最近、使い始めたナッツ類は、ビタミン、ミネラルを豊富に含んでおり、栄養だけでなく、食感のアクセントに重宝します。和えてよし、サラダにふりかけてよしの便利な食材です。

チーズ

不足しがちなカルシウムが豊富に含まれるチーズ。牛乳が苦手な夫ですが、同じ乳製品のチーズならOK。加熱したほうが食べやすいようなので、とろ〜り溶けるように調理することが多いです。

見た目も華やか！
栄養もプラス！

Column.3

前田家の「勝ち飯」!
ゲン担ぎのルーティーンごはん

勝負の世界で戦う夫は、いわゆるゲン担ぎをたくさん実践しています。一度、「これをやる！」と決めると、それをやらないとなんとなく落ち着かないらしく、ルーティーン（日課）にしていることがたくさんあります。例えば、日常生活の中で言えば、コンビニで買い物する時は、背番号18にちなんで18円の募金を決まりにしていたりします。試合当日のお風呂掃除も夫の中ではルーティーンのひとつ。これは、正直、妻としてはとても助かっています（笑）。

ということで、料理にも「これを食べたら勝ち投手になった」というゲン担ぎのメニューが存在します。例えば、登板前に必ず食べるルーティーンごはんもそのひとつ。2014年はこの本で紹介している『三色丼』（→P70）。基本的に登板前には必ず食べていて、遠征試合の時にはお弁当の形で持参していました。実は毎年変わっていて、2013年は『豚肉のしょうが焼き』、2012年は『豚ヒレ肉の竜田揚げ 甘酢ソース』（→P32）でした。「これだ！」と決まると、その年のシーズンが終わるまでは一年間、登板前に食べ続けます。

ルーティーンごはんにも試行錯誤の歴史があります。2013年の『豚肉のしょうが焼き』は、ごはんとおかずが別々のため、デーゲームの時など朝から食べるのが難しいということで、同じく豚肉を使い、ごはんとおかずが一緒に味わえる丼メニューを考えることに。結果、『三色丼』が我が家のメニューに登場し、食べやすくて消化も早いということで、見事2014年のルーティーンごはんとなりました。

2015年は新たに、どんなルーティーンごはんが誕生するのか。私の中でもちょっとした楽しみになっています。

The Maeda's menu
PART 4

パワードリンク

限られた食事量の中で摂れる栄養には限界があります。そこで、さらに栄養を補給したい時には、補食としてドリンクを活用するのがオススメ。消化、吸収がよいので試合前後の栄養チャージにもピッタリ。時間がない朝の栄養補給にもどうぞ。前田家のエナジードリンク『ルーティーン甘酒』もご紹介します！

amazake

ルーティーン甘酒

2013年から作り始めたこの『ルーティーン甘酒』は、炭水化物を吸収しやすい形で補えるエナジードリンク。夫は登板の日に必ずこれを持参し、球場で飲んでいます。その効果からか、今や広島東洋カープの後輩選手たちも取り入れ始めているんですよ！ ただし、普通のアルコールを含んだ甘酒で作らないようにご注意を！

登板の日は
必ず持参しています！

材料（1人分）
玄米甘酒…1パック(250g)
水…250mℓ
レモン汁…少々

作り方

1 500mℓ用のペットボトルに水を半分まで（250mℓ）入れ、そこに、玄米甘酒、レモン汁を加える。

2 1のペットボトルのふたをして、しっかりとシェイクする。

COLUMN

私が使っているのがこの『マルカワみそ』の玄米甘酒。甘みが強いですが、無添加＆砂糖不使用。自然栽培のお米と水だけで作られています。玄米の粒がのこった『粒』と、ペースト状になった『すり』がありますが、口あたりがなめらかで消化がいい『すり』のほうがドリンク向きです。

soymilk soup

豆乳スープ

植物性たんぱく質を豊富に含む豆乳を使った野菜スープ。
豆乳の豊かな風味が野菜の旨みとマッチして、ほっこりと滋味深い味わいです。
シーフードをプラスしたり、アスパラガスの代わりにブロッコリーにしてもGOOD。

秋冬は
あったかスープで！

材料（2人分）

- スライスベーコン…1枚
- 玉ねぎ…1/4個
- じゃがいも…1/4個
- にんじん…1/4本
- アスパラガス…1本
- A
  - 調整豆乳…300ml
  - コンソメスープの素（固形）…1/2個
- 塩・黒こしょう…各少々

作り方

1. ベーコンは1cm幅に切る。玉ねぎ、じゃがいも、にんじんはすべて1cmの角切りにする。アスパラガスは筋をそぎ、固い部分は切り落とし、1cm幅でななめ切りにする。
2. フライパンにベーコンを入れて熱し、ベーコンから脂が出てきたら、玉ねぎ、じゃがいも、にんじん、アスパラガスを加え、炒めていく。
3. 鍋にAを入れ、2を加えて野菜がやわらかくなるまで煮込む（沸騰するとふきこぼれやすいので注意）。
4. とろみが出てきたら、塩・黒こしょうで味を調える。

green smoothie
グリーンスムージー

「野菜が足りていない」と思ったら、グリーンスムージーで摂取。青臭く感じたら、フルーツを多くするとよいでしょう。
作りたてが一番栄養価が高いので、なるべく早めに飲むことをオススメします。

小松菜スムージー

小松菜のビタミンは熱に弱いので、スムージーにして生で摂り入れるのがオススメ。パイナップルとキウイのさわやかな酸味が楽しめます。

材料（コップ2杯分）
水…100mℓ
小松菜…⅓束（100g）
パイナップル（カット）…¼個分
キウイ…1個

作り方
1. 小松菜は根元を切り落とす。キウイは皮をむき、乱切りにしておく。
2. ジューサーに小松菜を手でちぎって入れ、パイナップルとキウイ、水を加えて撹拌する。

ほうれん草スムージー

鉄分豊富なほうれん草は、小松菜に比べるとクセが少ないため、飲みやすいのが特徴。バナナの甘みとオレンジの酸味でさらにマイルドにして、飲みやすくしてあります。

材料（コップ2杯分）
水…100mℓ
サラダほうれん草…⅓束（80g）
バナナ…1本
オレンジ（中）…1個

作り方
1. サラダほうれん草は根元を切り落とす。オレンジは皮をむき、乱切りにしておく。
2. ジューサーに1のほうれん草を手でちぎって入れ、皮をむき適当な大きさにちぎったバナナ、1のオレンジ、水を加えて撹拌する。

soymilk smoothie
豆乳スムージー

植物性のたんぱく質を補いたい時は、豆乳ベースのスムージーがオススメです。
調整豆乳を使うと、甘みが出て飲みやすいです。

黒ごまきなこ豆乳スムージー

良質のたんぱく質で、消化によく吸収しやすいきなこと、カルシウム豊富な黒ごまで、香りとコクのあるスムージーを。はちみつは甘みが足りなければお好みで。

材料（コップ2杯分）
調整豆乳…300mℓ
バナナ…1本
すりごま（黒）…大さじ2
きなこ…大さじ2
はちみつ…適量

作り方
1 ジューサーに、皮をむき手でちぎったバナナ、すりごま、きなこ、豆乳を入れ、撹拌する。
2 味をみて、甘みが足りなければお好みではちみつを加え、さらに撹拌する。

ベリー豆乳スムージー

ビタミンCをたっぷり含んだいちご&ブルーベリーを、豆乳と合わせたスムージー。デザート感覚で頂けます。

材料（コップ2杯分）
調整豆乳…300mℓ
いちご…150g
ブルーベリー…75g

作り方
1 いちごとブルーベリーは洗って、水けをきる。いちごはヘタを取る。
2 ジューサーに1のいちごとブルーベリー、豆乳を入れ、撹拌する。

前田家 こだわり調味料

私が愛用している、料理に欠かせない調味料をご紹介します。無添加物、有機栽培など体によいものを基本にしながら、地産地消にもこだわり、ホームである広島で作られているものも積極的に取り入れています。前田家の料理の味を決めてくれるこだわりの調味料たちです。

Oil オイル類

❶ニップン『アマニ油』
体によい脂肪酸であるオメガ3が摂取できるので使っています。青魚に多く含まれるDHAやEPAもオメガ3の一種。サラダやマリネに使ったりしています。これにしてから怪我をしづらくなった気がします。

❷アルコイリスカンパニー『インカグリーンナッツ・インカインチオイル』
このインカインチオイルもオメガ3が摂取できる上に、火を通しても風味が変わらないので、炒め物のときに利用したりしています。

❸九鬼産業『九鬼太白純正胡麻油』
ごま油特有の香りがしないので気に入っています。クセもなく、何にでも使える万能のごま油です。

❹BROWN SUGAR 1ST『有機エキストラバージンココナッツオイル』
最近、注目されているココナッツオイル。私も最近、生活に取り入れ始めました。バター代わりに食パンに塗ったり、スプーン一杯を紅茶に溶かしたりして使用しています。

Stock だし類

❶八百金『ダシの味…知っていますか?』
このだしは塩分が含まれず、しいたけが入っているので旨みがプラスされ、普通のだしとまた違った味わいが楽しめます。

❷宗達『行平 上方』
最初は娘の離乳食を始める時に、だしから始めようと購入しました。塩分が含まれておらず、かつお節と昆布のみの本来のだしの味わいがきちんとします。これ以外にも種類が豊富なので、ストックしておいて料理によって使い分けています。

❸久原本家 茅乃舎『化学調味料・保存料 無添加 茅乃舎だし』
だしパックになっているのでお吸い物などにも◎。袋をやぶって粉末をミンチと混ぜて旨みを加えるという使い方もできるので、とても重宝しています。洋風の料理にも使える野菜だしも愛用しています。

Condiment 調味料

❶ 川中醤油『芳醇天然かけ醤油』
広島が醸造元で、味わいがまろやかなのが気に入っています。だしも入っているためほんのり甘いので、普通のしょうゆとこちらを使い分けています。

❷ 川中醤油
『一番搾りすだちぽん酢しょうゆ』
いろいろな種類を買ってみて夫が気に入ったものがこちら。

❸ マルカワみそ
『自然栽培みそ 未来』
玄米甘酒(→P90)と同じ会社のお味噌。農薬や化学物質を含まない有機素材だけで作られています。少し甘めな味わいです。

❹ マスコットフーズ『ボリビア産岩塩』
精製していない天然の岩塩を使用するようにしていますが、その中でもこれは粒が細かくサラッとしていて、味わいもマイルドなので使いやすいです。

Other その他

広島県漁連組合『オイスターソース』
広島の特産は"牡蠣"。牡蠣を使った商品がたくさんあります。その中でも、お気に入りなのがこちらです。オイスターソースは中国の調味料ですが、これは広島で作られているんですよ! よく使う調味料なので、地元である広島のものが使えるのはうれしいです。

MediBee『マヌカハニーUMF15＋』
アスリートである夫は、ドーピングなどの問題もあるため、薬を飲むのに細心の注意が必要です。このマヌカハニーはニュージーランドに自生するマヌカ(お茶)の木から採れるはちみつで、特有の成分が含まれているので、風邪気味の時になめたり、かぼちゃと一緒に煮たりしています。

ノヴァ『有機ウォールナッツ』
ビタミン、ミネラル、良質の必須脂肪酸などの栄養素を豊富に含んでいるので、球場に持参しておやつ代わりに手軽に栄養補給してもらっています。料理にも取り入れていて、砕いてサラダなどに加えたりしています。

Profile

成嶋早穂(なるしまさほ)

元東海テレビアナウンサー。
2010年からはタレント、フリーアナウンサーとして活躍。
2012年、広島東洋カープ 前田健太投手と結婚。「ジュニア・アスリートフードマイスター」「食生活アドバイザー」「ジュニア野菜ソムリエ」の資格を持つ。食を通してプロアスリートである夫をサポートする妻であり、一児の母でもある。

公式ブログ 「笑顔に成嶋」
http://ameblo.jp/narushima-saho/

Staff

栄養監修　松田真紀 (バードワークス・管理栄養士)
デザイン　菅谷真理子 (フレーズ)
フードスタイリスト　新田亜素美
取材・構成　栗野亜美
撮影　原田真理
ヘア＆メイク　松本由美子 (Accroche-Coeur)
アーティストマネジメント　冨士田映彦　伊藤祐介 (アワーソングス クリエイティブ)
協力　前田健太
　　　広島東洋カープ
編集　湯淺光世 (幻冬舎)

前田家の食卓。
食べて体を整えるレシピ

2015年2月10日　第1刷発行

著　者　成嶋早穂
発行者　見城　徹
発行所　株式会社 幻冬舎
　　　　〒151-0051東京都渋谷区千駄ヶ谷4-9-7
　　　　電話　03 (5411) 6211 (編集)
　　　　　　　03 (5411) 6222 (営業)
　　　　振替00120-8-767643

印刷・製本所：株式会社 光邦
検印廃止

万一、落丁乱丁のある場合は送料小社負担でお取替致します。小社宛にお送り下さい。本書の一部あるいは全部を無断で複写複製することは、法律で認められた場合を除き、著作権の侵害となります。定価はカバーに表示してあります。

©SAHO NARUSHIMA, GENTOSHA 2015
Printed in Japan
ISBN978-4-344-02722-0　C0077
幻冬舎ホームページアドレス　http://www.gentosha.co.jp/

この本に関するご意見・ご感想をメールでお寄せいただく場合は、comment@gentosha.co.jpまで。